U0149307

中庸研究論著集

武之璋著

文史哲學集成
文史哲出版社印行

國家圖書館出版品預行編目資料

中庸研究論著集 / 武之璋著. -- 增訂再版 --
臺北市：文史哲，民 100. 12 印刷
291 頁 21 公分. （文史哲學集成；585）
ISBN 978-957-549-999-0 （平裝）

121.2537　　　　　　　　　100026335

文史哲學集成　585

中庸研究論著集

著　　者：武　　之　　璋
出 版 者：文　史　哲　出　版　社
http://www.lapen.com.tw
e-mail：lapen@ms74.hinet.net
登記證字號：行政院新聞局版臺業字五三三七號
發 行 人：彭　　正　　雄
發 行 所：文　史　哲　出　版　社
印 刷 者：文　史　哲　出　版　社
臺北市羅斯福路一段七十二巷四號
郵政劃撥帳號：一六一八○一七五
電話886-2-23511028・傳真886-2-23965656

實價新臺幣四○○元

中華民國九十九年（2010）十一月初版
中華民國一百年（2011）十二月增訂再版

ISBN 978-957-549-999-0　　00585

序

三十年困學與苦思

　　每一個愛讀書、愛思考的人都有「困學」的經驗，「困學」的原因或是書本內容無法理解，或有自己的想法對作者觀念不敢苟同，或對後人註疏有所質疑，或對自己沒有信心。

　　被學所困者因治學態度不同而結果亦不相同，有人被困之後很快降服，被作者牽者鼻子走，有人窮追猛打，結果走出困境；走出困境以後，天地豁然開朗，發現了新天地，或成一家之言，甚至成為一代宗師。

　　困學的經歷是很可怕的，有時一個小問題可以困擾學者數十年之久，有時被困後苦思不得其解，求助無門又無法掙脫困境，如果時間拖久了，可能出現兩種結果；一是掙脫困境走進一個新境界；一種可能是瘋了，讀書最後讀瘋了是常有的現象。

　　王陽明對著竹子格物，格了三天三夜幾瀕瘋狂，後

來創出格物致知、知行合一、致良知的理論。

　　日本儒學大師伊騰仁齋被朱子理學所困，苦思而不得其解，因而病倒，大病痊癒之後悟出朱子之學原非孔孟之真面目，撥雲見月之後百病全消，終此一生成爲日本反理學的儒學大師。

　　我在年青的時候就懷疑「中庸之道」，後來自修中國經史之學，對「中庸」之道更加懷疑。但很長一段時間我不敢認爲「中庸」錯了，而只是對其中語意、文字、微言大義不能了解，後來看了宋明理學家的注疏，越看問題越多，越看越糊塗。當時自以爲悟性不夠。認爲自己資質愚魯。青壯年雖在商場上追逐名利，沒有專心治學，但中庸之道始終困擾著我。

　　後來因爲業務關係經常出國，足跡幾遍全世界，尤其常到歐美，也交了不少西方朋友，赫然發現歐美等先進國家的百姓絕對不講中庸之道，他們做人是非分明、有話直說，很少在背後道人是非，做事一絲不苟，做學問深入、細膩，派系林立、百家爭鳴、各持己見、絕不含混，但是互相尊重，西方人無論做人、做事、做學問毫無半點中庸的影子，但是近代西方文明超越中國已數百年之久，照中庸的理論恪守中庸之道「可與天地參」，中庸如此玄妙、偉大，爲什麼我們的政治學、法學、哲學、科學處處不如人？爲什麼我們落後西方數百年之

久？

或曰我誤解了中庸之道，中庸者非走中間路線也，非和稀泥也，非不講是非也。但是一個學說學者有一套言之不成體系的論述，百姓非但無法理解，而且其理論如「不誠無物」，如「君子戒慎慎乎其所不睹，恐懼其所不聞。」都是一般人做不到的事，這種學說肯定是有問題的。

以今天學術之精之深，分工之細，一個人研究一個問題窮一生之力都不見得有多大成就，「慎乎其所不睹，恐懼其所不聞」，不是句笑話嗎？一個物理學家很可能不知道，竹子跟稻子是同科植物，一個數學家很可能不知道，桃、李、杏同是薔薇科植物，但是對植物學家而言，這都是普通常識，事實上現代人對很多專業知識都「不睹」、「不聞」。

無論學者對中庸如何解釋，但是老百姓理解的中庸就是不追根究柢，不走極端，各打五十大板，甚至只講人情面子而不講理，就是明哲保身。中庸之道對中國民族性影響之大是一般老學究想像不到的，其影響的幾乎都是負面的，也是老學究想像不到的。

民國八十三年陳水扁當選台北市市長，我被政治迫害，一生累積之資金、信用赴諸東流，一件清清楚地冤案卻無人鼓勵我對陳水扁提告，包括我的律師朋友。理

由是民不跟官鬥、低調、中庸之道。面對傾家蕩產的災難，朋友的反應令我震驚。同樣事件假如發生在美國，那我發財了，我會得到我實際損失十倍以上的賠償，因為我的冤案在美國打官司我必勝，而且在美國打這類官司我有權利要求精神，信用損害賠償。但是在台灣律師卻勸我忍耐，因為根據過去的判例，要求精神、信用損害賠償者，即使贏了，所得亦不夠支付律師費。

　　我不幸的遭遇，讓我沈思中國經學，尤其是中庸之道。中國經學不就是一種研究做人、做事的學問嗎？中國經學無論那一派不都是追求社會安定，官民和諧嗎？社會安定具體實現方法不就是政治學、法學嗎？根據中庸之道，幾千年來我們的政治學、法學有什麼進展呢？近代西方歷經了很多驚天動地的大變化，歷經多少挫敗與實驗，民主、法治、人權得以實現，而我們一直到清朝出現黃黎洲「原君」、「原法」等現代化觀念，但只是停頓在初始觀念的階段，而當時西方對憲法、議會政治、三權分立已經由理論階段進行實驗多年了。

　　或曰中庸是形上學是哲學是道德、倫理學不是科學，不是社會學，政治學，不應以科學、社會學的標準來衡量中庸，這話即使成立，請問宋明以來中國文明放在世界的大舞台上我們即使哲學有什麼值得別人尊敬的成就？

　　在飽受生意挫敗的痛苦以後苦思中庸之道，之後我赫然發現中庸乙書雖然用了許多玄虛的語言，但其內容卻駁雜、荒謬之極，正如清姚季恒所說的中庸之道只不過是「說大話裝大冒頭」也！

　　民國九十四年在經過多年猶豫之後，我終於決定結束所有的生意，專心讀書、寫作，因為興趣廣泛、閱讀、寫作的範圍亦廣，從中西法學比較，中國近代史，中國近代思想史等，但是我花時間最多的是中庸。在苦思中庸之道三十多年後，終於動筆為文。

　　朋友的反應不出我所料，有人說：「無聊！幹嘛把精神時間花在老古董身上。」

　　「你瘋了！連程、朱、王陽明那麼偉大的學者信中庸之道……難道你的學問比他們的還大？」

　　「連亞里斯多德都主張中庸之道……。」

　　「中庸是中華文化的精髓，否定了中庸，中國文化還有什麼值得我們驕傲的？」

　　種種懷疑，責難，甚至嘲諷，接踵而來，最初我對自己的說法也沒把握，很想找朋友和平、理性地討論一番，但是沒有，連有興趣把你的想法聽完的人都不多，其中只有二位就是周玉山教授以及過去台視文化總經理梁光明先生，他們對中庸研究不是那麼有興趣，但都鼓勵我繼續研究，繼續寫作。

在經過多年鑽研、比對，在遭受多次嘲笑，責難之後我確立了幾個研究原則。

一、比較：世界上的學問以及學問之進步，甚至文明的進步是靠比較而來的，沒有比較就沒有好壞，優、劣之分？沒有好、壞、優、劣之分，就不會有進步。所以我常會把儒家跟墨家作比較，跟道家作比較，甚至把孔子、孟子與荀子作比較。把中國跟同時期的希臘文化作比較，拿孔子跟蘇格拉底作比較。

二、用西方的邏輯學、語意學來理解中國古籍，此點很多學者反對，但是經過我的實驗，我發現是可行的，而且必須如此，因為邏輯學、語意學與數學、統計學一樣，都是方法學。科學方法，正是中國文化中最欠缺的部份，而邏輯學，語意學本身是中性的，是不具備任何立場的，即使形上學也須要通過邏輯與語意學的考驗。比如老子的「天」、「道」與如何維持國家安定、社會和諧，有一套完整的理論，其理論可能不一次講完，而是分布在許多不同的章節之中。如孔子講仁，雖然片斷、零碎，但其說法有一以貫之的精神脈絡，可以成一個理論體系，但是禮記、中庸篇裡面都無法拼湊出一套完整的理論，如對「中庸」兩字的說法、玄虛而不具體，如對「道」的說法空泛而不著邊際；無論用邏輯學、語意學等考驗中庸的理論體系都過不了關。無論用邏輯學、

語意學的方法比對中庸與語孟之間的思想脈絡也是過不了關的。科學方法用在中國哲學研究上是絕對可能的，也是必須的，否則中國在哲學思想上不可能會有進一步的發展。

三、以果論因：哲學與科學最大不同，是哲學無法實驗，哲學之是非對錯至少在當時沒有一個檢驗的方法跟標準，中西、古今皆然，孔子周遊列國困頓一生而無所作為，蘇格拉底因學術不符當道的想法而被判服毒自盡，但是孔子與蘇格拉底之學術至今尚有影響力，許多學術因緣際會風靡一時，但不久即煙消雲散。「時間」可以考驗真理，「時間」同時也可以印證一個文明哲學的優劣高下。中國儒學到了宋明理學大盛，而理學的重要源頭之一即中庸乙書，我們看中庸的某些論述如：

致中和，天地位焉，萬物育焉。（中庸第一章）

誠者，天之道也。誠之者，人之道也。誠者，不勉而中不思而得⋯⋯。（中庸第二十章）

唯天下之至誠；⋯能盡物之性，則可以贊天地之化育，可以贊天地之化育則可以與天地參矣。（中庸第二十二章）

至誠之道可以前知⋯⋯至誠如神（中庸二十四章）

中庸之道可以「天地位焉、萬物育焉」可以「不勉而中不思而得，可以與天地參，中庸之道可以總管人、事、天道、萬物無所不包而且，無所不能。中庸之道如

此神奇，而儒家及先秦諸子所有學說理學的目的不都是在經世致用嗎？以中國經世致用的標準來看，經世致用的方法不就是政治學、法學理論及理論之實踐嗎？」請問明清以來西方文藝復興，在希臘學術的基礎之上，民主，法治，人權等哲學思想的飛躍，政治學、法學從理論走向實踐的過程。我們必須承認我們的中庸之道，尤其是被理學家神化了以後的中庸之道，不過是玄虛的大話，空話，神話而已。

治學必須比較，沒有比較就沒有學問，治學必須要運用西方科學方法，無論檢討過去或開創未來。學術思想的優劣要用時間來考驗，而總結歷史經驗，如果沒有戰爭的毀滅「百年」算是個合理的實驗單位，某種學說經過好幾個百年之後還不能發光發熱，那麼這種學說肯定是有問題的。

理學發展迄今已經超過壹千年了，我們在科學上、哲學上，毫無足以影響世界的成就，而理學的核心中庸之道在華人世界依然有巨大影響力，不幸的是所有影響幾乎都是負面的，此時此刻我們怎麼還不懷疑中庸之道，還不檢討中庸之道。

「偽中庸」乙書是儒學的毒藥，也是近代中國文化落後的根源，是中國民族性難以質變、提昇的最大障礙，這是我苦思中庸之道三十年的結論。

中庸研究論著集

目　錄

序………………………………………………………………1

　　三十年困學與苦思………………………………………1

第一篇……………………………………………………………13

　　邏輯學、語意學與讀經、解經………………………13

　　語意學與語意學的應用………………………………18

　　用語意學解讀中庸章句………………………………24

　　亞里斯多德的中庸之道………………………………27

　　讀經的標準……………………………………………31

　　再論讀經的方法跟態度之一…………………………35

　　再論讀經的方法跟態度之二

　　　　以陳大齊孟子待解錄爲例………………………38

　　羅素荀子與中庸之道…………………………………46

第二篇 ···53

　歐陽修的經學及其對後代的影響 ···············53

　歐陽修對中庸的質疑 ·····························58

　東林對理學的反省 ·······························64

　清儒對禮記的批評之一　陳乾初 ···············68

　清儒對禮記的批評之二

　　崔述對中庸的考證與批判 ·····················78

　清儒對禮記的批評之三

　　介紹姚際恆對中庸的質疑與批評 ···············86

　試以陳乾初的治學方法　釋中庸第十八章 ········96

第三篇 ···101

　胡適對中庸的看法 ······························101

　論錢穆中庸新義與中庸新義新解 ···············106

　評勞思光先生對中庸的看法 ·····················116

第四篇 ···131

　孔子問禮老聃辯 ································131

　禮記曾子問可證明孔子曾問禮老聃嗎？ ···········136

　比較孔孟與中庸的喜怒哀樂 ·····················139

　孔子中庸嗎 ····································149

　孟子與中庸之道 ································153

試釋中庸「天命章」……………………………156

中庸與佛……………………………………168

人間何事要中庸……………………………174

中庸的怪、力、亂、神……………………180

中庸之道其實是裁判之道？………………184

中庸的功利思想……………………………187

世間何處不中庸……………………………192

第五篇………………………………………197

中庸研究參考書節錄說明…………………197

清陳乾初 ── 大學辯………………………200

清崔述 ── 考信錄…………………………248

洙四 ── 考證餘錄卷之一　曾子…………256

清姚際恆 ── 禮記通論……………………268

第 一 篇

邏輯學、語意學與讀經、解經

　　語意學，又稱語藝學（Sematic）是比較新的學問，語意學與邏輯學、統計學一樣，同屬一種可以幫助思辨的學問，後來漸漸脫離工具的色彩，各自發展成一門獨立的學問。

　　上述學說之工具性早已影響到每一個現代學問，舉凡文學、哲學、社會學、經濟學、法學、心理學都受到影響。也因為邏輯、統計、語意學的發展，使得相關的學術可以朝更「精」、更「微」處發展。這種發展即使在文學、哲學，其影響都非儒家傳統玄學的「精微」可比，傳統儒家的「精微」，實際上是無所指的形容詞，西方學術在廣泛應用了邏輯學、統計學以後的「精微」，即使有在文學、哲學、政治、法律方面都成績沛然有目共睹。而我們儒學的「精微」，一直停頓在玄學的境界。

　　從清末到民國，除了政治、國體的變更之外，舉凡法律、社會、教育、經濟等學術無一不變，舊社會生活型態改變了；科學進入了每一個家庭，影響到每一個人的生活，社會組織也變了，傳承了數千年的社會結構也變了；知識份子、士紳階級、地主農民、保甲制度結成的網路瞬間崩解，取而代之的是抄自西方的行政組織。從中央政府的架構到地方自治的規劃、從憲法到民法，無一不來自西方，社會結構也漸漸複雜化。

　　此外學術也進入了一個新的紀元，政治、法律、經濟、教育等等無一不來自西方，中國傳統學問對現代社會只有粗淺的觀念，離「精微」實用有一大段距離。

　　無論在學校授課或個人研究，都廣泛地運用邏輯學、統計學、語意學甚至修辭學，學術漸漸與現實世界接軌，文學、哲學、法學、經濟學也與世界同一標準。我們用現代的方法進行研究，我們也用現代方法進行學術評估過去，邏輯、統計、語意學作爲思辨推理的工具，我們看不出與文化背景不同在使用上有何差別。我從不認爲德國文化適用邏輯來幫助學術研究，進行學術評估，而日本文化就不適用邏輯來進行研究、評估，邏輯學做爲一個工具，是沒有那個文化適應，那個文化不適應的問題，因爲邏輯、統計、語意學等都不考慮現實世界的真僞問題，也不評斷學術主張之對錯問題，而只重

思考方法之研究，正確的思考方法適用於每一文明、每一種學問！

　　事實上我們近代學術尤其是所謂的社會科學，也就是中國人所謂的經世致用之學，無一不用西方現代工具科學的方法。但是為什麼儒學、經學例外?而且一直到今天，許多治經學者還排斥邏輯學，一談到儒家，一談到五經四書，立刻進入另一個世界，這個世界像時光隧道時而置身兩千多年前的春秋戰國，時而回到五六百年前的宋明，我們孔孟的道理許多與今天的世界無關，甚至相左。但是我們以各種方法適應矛盾，或言行不一，或以各種現代詞彙、語言，曲解古儒學的意思，或用理學家的態度為古經學理論的現代性「牽合」、「彌縫」，以便在理論上適應現代社會。

　　茲以「誠、正、修、齊、治、平」為例，如用現代邏輯以及學術分類、社會學概念視之，誠正修齊治平為不相干的六件事，邏輯上毫無關聯，如在現代教育制度成長的一個學生，如從小對數理有興趣，讀書過程中從初中到高中讀過論語孟子，略知中庸之道，但對誠正修齊治平不甚了了，大學進了理工系，畢業後出國深造，學成歸國，在社會上有一份令人尊敬的工作，貢獻其所學，請問誠正修齊治平的大道理對其一生有何影響？一個對理工有興趣的青年，在其受教育的過程中會有什麼

標準測定其誠、正、修、齊、的認知，尤其「誠」字對一個今天社會的青年，「誠」是何物？誠的對象是誰？國家嗎？或自己的生命？一個學生努力讀書或許爲了興趣，或許爲了謀一職業，其心中從來沒有「誠」與「不誠」的念頭，「誠」這對一個人的一生有何影響？誠、正、修、齊、治、平與現代人的生活實在扯不上關係，尤其是治國平天下，更是玄虛之極。

今天台灣的社會型態，選一里長難如登天，即使有心治國平天下，對大多數的青年而言，都不得其門而入，都是空想。

誠正修齊治平一套道理，對一個受過正規教育的青年而言，其影響遠不如公民課，公民課的內容教一個學生如何做一個守法的、敬業的、樂群的公民。道理淺顯、目的明確、標準不高，人人都做得到。而傳統中國玄學的咒語會使一個人言行不一、甚至人格分裂。

或曰中國先秦學術是自成體系的形上學，不可用西方的標準來衡量。這種說法至多只能用來解釋先秦時期爲何產生先秦學術，而無法說明不可用西方標準來與西方學術做比較，更不可用來做今世儒學發展西方邏輯不接軌的，甚至劃清界線的藉口。

何況中國在學術最發達的先秦時期，無論孔子的尊君、孟子的天下定於一、墨子的尚同、甚至道家的無爲

而治、法家的極權主義，其理論中心點都在「治國平天下」，都在推銷一套維持社會秩序的方法，中國的學術自古就是非常現實的、功利的，連老莊海闊天空的理論骨子裡都是功利的。那麼我們有什麼理由排斥、拒絕更功利的、更實用的、更有效果的西方科學方法呢？西方學術之進步難道不是西方科學方法比我們進步的結果嗎？那麼我們又為什麼要排斥科學方法呢？

　　假如孔孟、墨翟、老莊復活，看到今天的社會、法律可以維持一個大國複雜的社會結構自動運行而不亂，總統可以每年到大衛營渡假、老百姓可以罵總統、總統犯法也會坐牢、郭台銘跟一個小販吃同一熱量的食物……。許多中國古聖人的希望、理想在今天的社會都已實現了，他們也許會哈哈大笑，也許會氣得再死一次，但是可能不會再堅持自己的那一套理論。

語意學與語意學的應用

　　語意學的應用與邏輯、修辭學、文法學密不可分，都可做爲一種工具，對一個語句做深入的剖析、理解。一個語句、一段文章，表面看來是一回事，深入剖析可以發現更多的意涵，這種工具有助於對作者真正想表達意思的理解，也有助於對歧義（ambiguity）的辨別，免得一個句子，讀者有許多不同的解釋。

　　消除歧義要根據上下文、語境、情理等手段，在一定的語意環境中一個多意詞或一個多義結構，只能有一種意思。

　　一個句子要討論，陳述一件事一定要有個主題或有個目標，也就是一定要有一個命題（proposition），然後句子、陳述，三個概念，說話者或寫作者用句子陳述，表達命題。句子是「語法」概念，陳述是「語用」概念，命題是「語意」概念。

　　在一個句子當中有一件事是真值，如太陽從南邊出來，或壹佰歲的老人跑馬拉松都是不可能的，一個句子

陳述的事是否屬實，叫真值（truth value），真值是一個句子，陳述之事是否為真的要件，但是疑問句、祈使句、感嘆句除外，如我們可以說「太陽從南方出來？」這樣說是可以的。

命題的要件之一是指稱（reference），意思是意有所指才是真實句，如「張先生娶了李小姐」是真實句，如果沒有指稱而說「先生娶了小姐」就不是真實句。

語意之肯定必須對真值的條件做嚴格的限制，如：

A.子路是勇敢的，僅僅只能指子路是勇敢的。

B.子路是勇敢的，所以顏回是好學的。

如果前句話的命題是子路只有根據 A 才清楚，否則這是兩句話，因為子路跟顏回不相干。

每個句子的概念都有一個外延（enotation, extension）與內涵（connotation, intonation）。

如：父親一詞的外延是：

男性、長輩、已婚、有子女。

至於對子女而言，每個父親的內涵都不太一樣。有的父親跟子女間像朋友、有的像敵人、有的受子女尊敬、有的不是。「父親」一詞的內涵表面上是看不出來的。

一個句子的陳述有必然的真理 necessary truth 與偶然真理 contingent：

必然真理：如果這個人是單身漢，他必定是沒結婚

的男人。

　　偶然真理：如果他沒有子女，他必然是單身漢。沒有子女可能夫妻有不孕症，或不喜歡子女而節育。有人有子女但是可能是非婚生子。

　　邏輯語意學又把句子分為邏輯真實句 logically truth sentences 與邏輯謬誤句 logically false sentences。如：

　　邏輯真實句：國王、獨裁者、官員都是統治者。

　　邏輯謬誤句：國王、獨裁者、官員、農夫都是統治者。

　　後句中的農夫是被統治者，所以後句屬邏輯謬誤句。

　　語意學中成份分析 componential analysis 或 sameness analysis，義素分析是把一個句子中意思支解成最小單位，把相似的、相反的所有辭意都找出來做歸納、做對比。義素分析最重要的是採對比原則 principle of contractiveness 如：

　　父親：男性、直系親屬、長輩。

　　母親：女性、直系親屬、長輩。

　　兒子：男性、直系親屬、晚輩。

　　以上例子又可以延伸出下列句型而反證前例事實。

　　非男性、非直系親屬、長輩……可能是阿姨。

　　非女性、非直系親屬、長輩……可能是舅舅。

　　語意學中的義素分析最重要的原則是一個詞把所有

語意場內的詞或鄰近場內的詞，無論相關的或相反的都拿來做比較。這種原則更重視、強調一般論述的反證，只是更嚴謹、更客觀。

　　以上所述是語意學的基本定義，以及要深入解析語文、分析岐義以及各種謬誤的方法、原則。也就是語意學的基本常識，並不涉及高層理論及語意學不同的學派。語意學可以用來處理中國的經書嗎？恐怕很多人會反對，反對的理由如中國哲學自成體系，語意學是西方邏輯實證主義的產物，不適於哲學、倫理學、形上學。或曰中國文字結構、語法，有特殊性，中國語文也隱含、暗合語意學等等。

　　我認為以上說法完全不成立，語意學關心的是語文，透過語言或文字表達某人思想與外在世界聯繫，語文出現以後，聽或讀的人一方面要瞭解其真正的意思，包括外延的、內涵的，一方面要檢視其語意的真值，或辨別其為必然真理或偶然真理，語意學提供的工具是方法系統，完全不涉及語文內容的價值標準。瞭解語意學，應用語意學是件麻煩事，一目了然的句子，經過語意分析會變得很複雜，但是像一個人學打高爾夫球，一定要學揮杆的姿式、練習基本姿式，並且養成習慣是件很無聊枯燥而且累死人的事，但是如果擊球姿式不正確，球永遠打不好。

　　如用語意學義素分析的概念解析中庸之道的理論，
以程朱對中庸訂的標準：

　　A.中庸之道是中國文化的特色，其精神是不偏不倚
　　　與不易。

　　B.中庸是儒學的精華，且只有儒家講中庸之道。

　　C.楊、墨、老莊及所有非儒家都不夠中庸或反中庸。

　　D.中庸是中國文化的精華。

　　E.基督文明、印度文明都不夠中庸或反中庸。

　　但是：沒有證據證明楊、墨、老莊都不夠中庸或反
　　　　　中庸，也沒有證據證明印度、基督文明不夠
　　　　　中庸或反中庸，因為反極端主義（中庸）存
　　　　　在於每一個古文明，因為沒有一個文明主張
　　　　　走激端的。

　　所以：楊、墨、老莊、印度、基督文明可能不反中
　　　　　庸之道，中庸非儒家獨有，中庸之道可能存
　　　　　在於每一個文明，中庸之道實在不是中國文
　　　　　化的精華。

　　語意學應用在經學上，我認為有兩個重點，其一是
態度，語意學對任何一段文字要經過仔細分析才敢下定
論，絕不敢隨便臆測，更不敢像程朱一樣對古籍任意解
釋；其二語意學義素分析的部份用相關詞彙比對，反證
的結果，可以尋找出思想脈絡，破解偽作，尤其雜蕪之

偽作，甚至可以透過義素分析篩檢出語意不可解或理論謬誤之處，可以對古聖人之理論做直接之檢討評論。不敢批評聖人之言，或胡亂解釋聖人之言不正是中國哲學近百年來一事無成的重要原因嗎？

用語意學解讀中庸章句

　　本文的題目是用語意學解讀中庸「章句」，而不是用語意學解讀中庸之道，因為語意學只是深入了解語言真意消除語言誤解的方法，完全不涉及一個主張的本身，所以語意學只能用為解析中庸「章句」而不能用來審驗中庸之道是否合理。用語意學來解析中庸章句,可能發生下列結果：

　　一、糾正前人對中庸的解釋，尤其是二程，朱子等理學家對中庸的解釋。

　　二、深入了解中庸章句的真意.

　　三、從了解中庸之道章句可以追索,歸納其思想脈絡，分辨那些想法是出自道家者那些是墨家者。

　　四、用語意學剖析中庸章句之不可解者，其不可解者並追究其不可解者之原因，是原文傳抄錯誤，原作者本身文理不通所致。語意學不負責檢驗一種哲學主張，不關心哲學上的的思想內容，只研究語文本身的解釋問題，但是假如中庸乙書中所有章句用語意學的標準來解釋多不可解或前提不成立或不是邏輯真實句或意無所指

（整句全系形容詞），或用意素分析的結果其內容空無一物那麼我們怎麼肯定中庸與儒家的關係呢？我們怎麼肯定中庸在學術上的價值呢？我們試以語意學的原則解釋中庸如下：「喜怒哀樂未發謂之中，發而皆中節爲之和，中也者天下之大本也；和也者天下之達道也，致中和天地位焉萬物育焉。」

　　前句歷來被認爲是中庸的精義，許多學者對上句話有引伸出無窮高妙玄秘的解釋,但是從語意學來看前句大有問題：

　　一、命題不清楚，此句話的命題是中呢？還是喜怒哀樂呢？單從文字上看不出來。

　　二、整句因無所指所以本句不成立，假如本句話改成假設句前加一個「如」字則本句話可以成立「喜怒哀樂未發謂之中，如發而皆中節謂之和」則這句話可以成立。

　　三、本句話命題的真值 truth value 皆不能成立：命題真值不能成立，成爲進一步說明即使命題真值成立，則不構成命題，也無法用來陳述一件事。命題真值的條件 truth condition 或者是日常可見的物理現象，如果太陽從東邊出來或者可以證明的事實如顏回不貳過，或是假設，祈使感嘆句，如顏回讚美孔子「仰之彌高，鑽之彌堅，瞻之在前，忽焉在後，夫子循循善誘人……」命題假如不是疑問句，感嘆句。祈使句，則命題真值要一

定條件下才能成立。

　　四、這句話的內容嚴重違反真值要件：一句話的真值要件是不可以模糊的，否則整句話的意思會不清楚，這句話中提出幾個概念，「如喜怒哀樂」、「中」、「中節」、「和」、「達道」、「天地位焉」、「萬物育焉」，這些概念因為互不相干，中間聯繫又缺乏進一步說明，所以整句話的語意不清楚，嚴格的說作者意思亦不可解。

　　五、因為整句話從語意學的角度來看問題太多，所以無法成為邏輯真事句。整句話只好歸類於邏輯謬誤句，當然很多學者會說不能用西方語意學的標準來解讀中國經書，中國語文確實有語意含混、文法結構不嚴謹的毛病，解經不能先從文字來解讀，要從思想脈絡，哲學核心價值來解讀，此話全無道理，原因是語意學不關心哲學內容，只關心語文形式，中國人用西方科學的成果如聲光電，用西方的實驗方法,社會科學運用西方的教學，統計學、邏輯學為什麼單單不能用語意學來解經。最多我們可以質疑，西方語意學源自於西方文字，西方文字與中國文字不同，源自西方文字的語意學在應用在中文上有些困難。但是這些困難是屬於技術層次的問題而不是原則性的問題，何況我們的語意學者已有人從事這方面的研究。根據中國文字，中國文法的特性發展適用於中國語文的語意學，而不是斷然拒絕語意學。

亞里斯多德的中庸之道

　　我從小聽到基督徒說：連愛因斯坦那麼偉大的科學
家都信上帝，從小也看過不少文章，包括余英時說：連
亞里斯多德都主張中庸之道。事實上今年愛因斯坦日記
公佈，愛因斯坦非但不信上帝，而且對聖經評價很低。
多年來我懷疑中庸之道不是儒家思想，而且認為中庸之
道對儒學的影響是負面的，甚至對中國人的民族性影響
都是負面的。我懷疑亞里斯多德的中庸之道是否與禮記
中庸篇的中庸之道同義。

　　後來我讀了亞里斯多德著作論德行一章中提到中庸
之道與禮記中庸之道才發現亞氏中庸完全是兩回事。亞
氏的倫理學是一個龐大的理論體系，中庸只是亞式論德
行中的一小節，希臘文翻成英文是（in the means of two
extremes），extremes 是極端、兩端、偏執的意思，亞
氏對這句話的解釋：如果一個人太懶，體力就會衰退，
一個人如果體力使用過度便會耗損。一個人遇到危險過
份恐懼、退縮，便是懦弱；過份勇敢，不顧自身安全便

是魯莽。亞氏的中庸是指一個人做人處世勿走極端，自我節制的涵養功夫，跟中國包山包海的中庸之道完全不同，非但如此，亞氏甚至提出有些問題完全不適用中庸之道，亞氏並舉一個有趣的例子，以吃飯爲例：運動員要吃十斤才飽，一個普通人吃兩斤就夠了，如果取其中，每個人吃六斤，對運動員而言不夠，對一個普通人而言卻又太多，這種情況，談中庸是毫無意義的。又如惡意、無恥、嫉妒、姦淫、偷竊，本身就是犯罪，無所謂中庸之道的。

　　綜觀亞氏的中庸之道，嚴格來說就是一種人類行爲，道德上的反極端主義，與中國的中庸大不相同，最值得我們重視的是，亞氏的中庸之道完全不涉及治學及思考方法。非但如此，亞氏在邏輯學的理論中是反對中庸的，亞氏在其邏輯學第一原理中有「不矛盾律」（the principle of non-contradiction），思考問題要在同一時間、同一地點、同一情況下，否則結論是不正確的，如「張三是聰明又不聰明的」，如「螞蟻是小的又是大的」，假如在不同的時間、不同的地點、不同的情況，這兩句話是成立的，是不矛盾的，如張三小時聰明長大變笨了，張三喜歡植物而不喜歡動物，所以談到植物他是聰明的，談到動物時他就變笨了，根據亞氏的理論，思考問題不能排除時間、地點、情況等因素，在完全不同的條

件下矛盾也可以變成不矛盾。亞氏邏輯學中又有「排中律」（the principle of excluded middle），意思是兩個矛盾的答案中只能二選一，沒有第三種可能，謂之排中律。如某物存在或不存在，兩者必居其一而沒有第三種可能，某人犯罪或沒有犯罪，沒有第三種可能，一個公式或計算式不是對的就是錯的，沒有第三種可能。

　　根據亞氏倫理學中的中庸與邏輯學中的「不矛盾律」與「排中律」，可以看出亞氏的中庸只限定於個人品德、修養、自制等範圍，而且在倫理學中庸章中提出許多行為如犯罪、如吃飯完全不適用於中庸之道，在邏輯學中更清楚地提出求真理的思維，某些問題非黑即白，沒有第三種可能，沒有和稀泥的餘地。

　　胡適之先生把中庸解釋成方法論錯了，余英時說亞里斯多德也主張中庸之道也錯了。

　　追求學術真理，甚至做人原則、處世方法，都不是容易的事，深思熟慮求其精準尚且不及，何為取其中？在學術上答案只有對錯。個人處世關乎個人性格，或謙和或方正或直率或深沉，皆性格問題也，如果用學術角度研究做人的態度，那麼更無所謂中道，否則孔子為什麼用那麼多時間研究做人之道？

　　其實人世間的學題即使科學除外，大多數的問題更適用亞里斯多德的「不矛盾律」與「排中律」，努力追

求答案，努力追求完美是一個痛苦的過程，萬不得已與其奢也寧簡，與其不能達到至善寧願年青人狂、狷。「中」很容易引起誤解，「中」很容易使人怠墮，「中」很容易使人鄉愿，「中」更容易使人養成和稀泥做濫好人。

如亞氏所言，人間事無論科學、哲學、倫理學，其實適用中道之處非常之少，答案只有兩種情形，對或者錯，或盡可能追求正確、完美，所謂取法乎上才是求知的原則。在倫理學的範圍只是「不要過激」。「不要過激」是一種待人律己的原則，完全不是求知識做學問的原則。

如果把「做人」、「處世」、「待人」做為一門學問來研究，即使以中國人的標準，無論「忠、恕」，無論「己所不欲，勿施於人」，無論「嚴以待己，寬以待人」等等，非但有其高標準，而且在面對真理時，孔子主張「當仁不讓於師」，孟子主張「雖千萬人吾往矣！」以近代學術分類來研究，無論在心理學、社會學等知識之上建立新的研究方法都越來越細膩，越來越精準，豈可以「中庸之道」一語而概括之、簡化之。

讀經的標準

我們常看到一些理論如：

我們不能用西方的標準……。

我們不能用西方的邏輯……。

我們不能用西方的價值觀……。

這些說法有時是對的，有時是錯的，研究中國文明如早期的宇宙論、天人關係、中國文學等以上的說法或許成立，但是針對中國的經學、史學、科學等，以上理論就完全不通了，人類早期文明有很多共同性，我們回顧，研究我們早期的文明，也要建立一個共同標準，因為人間許多「學問」是靠比較才能分出高下，分出高下才會有檢討、進步，如果我們活在漢代，我們不知道有希臘文明，我們不知道有蘇格拉底、柏拉圖、亞里斯多德，我們可以驕傲地說孔子是世界上最偉大的哲學家。但是我們活在二十一世紀，我們瞭解與春秋、戰國同時期的希臘文明，我們在讀經的時候就很自然地會與希臘文明作個比較，因為除了文學以外，有很多學問的目的、

功能是一樣的，目的是一樣的，在中國稱之謂「經世致用」之學。既爲「經世致用」，當然要研究其理論的周延性，與可行性，更要重視實驗的結果，如此勢必牽扯到思維方式，即「邏輯學」。

在西方亞里斯多德即已發展出三段論。在中國邏輯學一直停頓在名家與孔子的「正名主義」與名家白馬非馬的階段，二千多年沒有進展。我們今天再讀四書、五經，不可能完全拋開我們腦海中西方邏輯的概念，強迫自己回到祖先教條的直觀的思維方式。如我們今天看孟子：「楊朱爲我是無君也，墨子兼愛是無父也，無君無父是禽獸也！」這句話不合邏輯也不合情理，我們讀中庸誠、正、修、齊、治、平，用邏輯來看誠、正、修、齊、治、平是六件事，六件事之間對群體而言，或經由統計找出六者之間的關連，對個人而言，不見得有關連，否則不會發生用「堯之子不肖，舜之子亦不肖」的現象。

此外人類追求的普世價值如公平、仁愛、和平等等皆爲同一標準，我們可稱之謂人類的普世價值。

爲了達到上述目標，東西方都透過政治制度、法律以期達到追求人類的普世價值，事實上歷史經驗告訴我們，實驗的結果，人類肯定了成功的經驗，記取了失敗的教訓，成功的經驗由全人類共享，因爲文明沒有專利權。

　　以法律爲例，中國在法學、法制方面曾經領先全球，但是後來落伍了，民國成立一直到今天，我們的六法全書看不到傳承了兩千年「大清律例」的影子，爲什麼？中國法學非但落後，而且不能適應現代社會也！我們談中國法學、中國法家豈能不參考西方標準？

　　讀中國書要用「中國標準」，既不合理，又不可能，除非你讓一個讀書人不准讀希臘哲學，不准讀邏輯學，不准讀統計學，否則不可能讀古書只用「中國標準」。又如性善性惡在中國一直爭論不休……。但是科學家透過 DNA 的比對及黑猩猩行爲學的研究，已經確定黑猩猩是我們的近親，黑猩猩與人類的 DNA 百分之九十九相同，黑猩猩的行爲也與人類有驚人的共通之處。在我們對「人」的瞭解到今天的程度，我們再看理學家的「心」、「性」、「本體」、「良知」等爭論就毫無意義，因爲這些議題在「人類學」、「動物學」、「心理學」面前這些議題諸子的說法都是虛妄無根之談。因爲我們實在無法想像一個具有現代科學常識的人可以完全忘掉黑猩猩與人的關係而只從故紙堆中的資料用中國古人的思維模式對生命、對宇宙找答案。

　　談性善、性惡，照科學的分類，人是靈長類的哺乳動物與黑猩猩是近親，人的身體進化過程以及人類文明近化過程，到目前爲止，科學家已經可以穿綴出一個清

楚的圖譜。至於人類起源到底是一元還是多元，科學家也有驚人的發現，透過 DNA 比對，原來早期的類人猿、智人是多元的，如爪哇人、北京人、尼安德塔人，這些早期人種在地球最後一次冰河期統統絕種了，整個地球只剩下非洲人，而今地球的人類都是非洲人的後代。

以近代科學對人的說法，人是動物的一種，今天的文明人是演化而來的，但不脫動物本性，動物本性無所謂善惡，善惡的標準是文明人建立的，要達到善的標準要靠教育、習俗、法律等等。

從科學對「人」的瞭解，我們再看中國經學的很多議題，善、惡、良知、性、本體等等，或議題本身已經不存在，如性善、性惡的討論一定要重視科學家對「人」的理解。我們也可以說古人的問題今人已經解決了，再談性善惡是多餘的了。

總之，時序已進入二十一世紀，研究中國經學豈可不建立新的標準？

再論讀經的方法跟態度之一

　　讀經的方法跟態度，涉及的層面廣而複雜，我認為人類文明走到今天，沒有一個文化可以自我封閉，凡涉及治學方法及價值標準者應該不分東西，如邏輯學、統計學，無論任何文化應該一體適用，精神、道德層面如仁愛、公平等也不該分彼此。

　　其實中國文化雖然沒有發展出邏輯學、統計學，但是「科學精神」卻一直不絕如縷。

　　到底用什麼態度讀經，清朝的儒者早就提出質疑。歷史是永遠的進行式，學術也永遠在進步之中，西人曰歷史是「今人與古人的對話」，又曰：「歷史是永遠的現代史」，漢人讀史記與今人絕不相同，文明在變，社會在變，讀書方法也在變，讀經何嘗不是如此。「變」就是一種進步，如果漢朝人讀經讀史，其領悟與感受與今人相同，那還了得？可能的情況不但中國文明停滯，而且世界文明也同時停滯才會發生這種現象。

　　清朝大學者崔述先生的父親教兒子讀經書，要求兒

子熟讀經文,粗通文義即可,熟讀本文之後才可看注釋,免為注釋所惑,反而迷失經文本意,這不是科學精神嗎?

又崔述研究孔子,只從可靠資料著手,崔述認為可靠資料者論語、左傳兩書而已,其他如史記、孔子家語等皆不可靠,用可靠資料,這不也是科學精神嗎?

崔述的鉅作『考信錄』(東壁遺書)是崔述窮一生之力對秦漢以前的古籍作了一次總整理,崔述曰:

【大抵戰國秦漢之書,皆難徵信,而其所記上古之事尤多荒謬。然世之人,以其流傳日久,往往信以為實。其中豈無一二之實?然要不信者居多。乃遂信其千百之必非誣其亦惑矣!(崔述「考信錄,提要上」,頁一〇。

今「考信錄」中,凡其說出於戰國以後者,必詳為之考其所本,而不敢以見於漢人之害者遂真以為三代之事。(同上,頁九)

今為「考信錄」,不敢以載於戰國秦漢之書者悉信以為事實;不攻以東漢魏晉諸儒之所注釋者悉信以為實言。務皆究其本末,辨其同異,分別其事之虛實而去取之。雖不為古人之書諱其誤,亦不致為古人之書增其誤也。(同上,頁十八)

大抵文人學士多好議論古人得失,而不考其事之虛實。余獨謂虛實明而後得失或可不爽。故「考

信錄」，專以辨其虛實為先務，而論得失者次之。（同上，頁三四）】

崔述因為生前窮困，名聲不顯於當世，死後一百年間其書在中國幾乎消失了，一九〇三年日本學者那可通世，把崔述弟子陳履和刻本加標點排印出來，中國人才知道崔述其人。

二〇年代，胡適作崔述年譜，對崔述的科學治學精神至為推崇，崔述年青時讀書發覺「禹謨」、「湯誥」等「文義平淺，殊與三十三篇不類，然猶未敢遽疑之也，又數年，斷覺其義理亦多刺謬，又數年，復覺其事實亦多不符，於是大駭怪……（古文尚書辨偽）」。

胡適慨然地說「近二十歲時的懷疑，直到六十歲以後才能解決，可見懷疑真是一種麻煩的習慣，怪不得絕大多數的懦夫終身不敢一叩懷疑之門！」

禮記是一部集體創作，有合儒家如禮運大同篇，有純屬道家的如中庸。我從青年時代懷疑中庸，進而檢討中庸，最後反對中庸，年近古稀才提筆為文，在追求真理的道路上我應該不算懦夫吧！

讀任何書，懷疑非但是一種讀書的態度，而且是進步的動力。

再論讀經的方法跟態度之二
以陳大齊孟子待解錄爲例

　　我從少年時代就對中國經書許多文字認爲不可解，老師的解釋我不滿意，有時問到老師詞窮，問到老師發怒，我不敢再問，但是口服心不服。離開學校以後，青年、中年、老年不同的階段對經書有不同的體會，然而疑問也越來越多，後來從古學者注疏中找答案，結果越讀越糊塗，無論鄭註、朱註，都無法使我滿意，我曾經懷疑我太笨了，也曾就教大師級的學者，打破沙鍋問到底的結果，我認爲其實他們也不懂，有些人裝懂，有些人不求甚解，有些人自己建立一套不週延的理論系統來騙自己。

　　多年來我自己摸索的結果，我認爲一切學問建立在三個基礎之上，其一是比較：沒有比較就沒有學問，尤其是社會科學，如政治、法律、倫理等等，孔、孟、荀子之間要作比較，儒家要與老莊、墨家比較，中國要與

西方比較。假如世界上只有中國，那中國無論文史、哲學、科學都是世界第一，那也沒有競爭，也不須要進步。可是世界文明不只中國，所以有關中國的學問必須要與西方比較，否則非但不知道自己對錯，也無法知道自己的真面貌。

其二是懷疑：懷疑是一切知識活動的動力，沒有懷疑就沒有進步，而懷疑是很痛苦的事，懷疑以後要有鍥而不捨的精神求答案，要有勇氣面對責難，沒有懷疑，只是背誦、只有記憶，那與錄音機、影印機何異？

其三是科學方法：科學方法對社會科學而言，邏輯學、統計學、語意學、數學是也。治中國經學的學者許多人反對用科學方法治經學，其理由是中國哲學自成體系與西方邏輯實證主義是不相容，是不同的學術體系……。這種說法完全不通，邏輯學作爲一個幫助思考的工具，正如馬車、汽車都是交通工具一樣，其目的在增加「行」的速度，工具本身沒有價值判斷，工具本身是中性的，人類發明了汽車，比馬車快得多，人沒有理由留戀馬車而捨棄汽車。汽車作爲一個交通工具也沒再不准中國人用，只准洋人用的道理。

事實上我們學術界無論史學、政治學、經濟學都普遍使用統計、邏輯學，爲什麼經學例外？

台灣老一輩的學者，用以上方法讀經、解經、疑經

的學者陳大齊先生是一個少數的例外，陳大齊先生有一本書「孟子待解錄」－商務印書館民國六十九年八月出版。

　　陳大齊字百年，浙江海鹽人。民前二十五年生。六歲入私塾讀書，十七歲留學日本，畢業於東京帝國大學文科大學哲學系，鑽研心理學。民國元年學成歸國，曾任教於北平法政專門學校、北京大學。後又赴德國柏林大學研究，回國後任北京大學哲學系主任、教務長、考試院祕書長、北大代理校長、考試院考選委員會委員長、總統府國策顧問、政大校長等職。民國四十九年中華民國孟學會成立，又出任首屆理事長。於民國七十二年逝世。著有「迷信與心理」、「心理學大綱」、「哲學大綱」、「孔子學說」、「論語臆解」、「孟子的名理思想及其辯說實況」等二十餘種，短篇論文百餘篇，散見各學術刊物。

　　陳大齊在自序中說他讀經的態度：

　　不能理解，可有二種：一為文字的不能理解，二為義理的不能理解。所謂文字的不能理解、言其用詞造句、或因過於簡潔，或因過於深奧，其所表達的意義，有欠明顯，令人不易把握其真相。

　　遇有意義表達得不甚明確或與他處所說不盡融洽的言論，便取法兒童，打破沙鍋問到底，希望問出一個頭

緒來。問而有所得，則認爲是，以待覆核，問而無所得，則暫記所疑，以待再問。

從陳的自序中我們就可以知道陳先生讀經的態度是客觀的、科學的、是不打馬虎眼的，符合孔子「知之爲知之」的求真精神，與錢穆、唐君毅、牟宗三等用曲解、牽合、彌縫等心態、方法也全然不同。

陳大齊先生對孟子乙書用了許多科學方法來解讀，我們先看本書的目錄，便可知道作者真是用心良苦。作者對孟子學說重要的理論部份如性、仁、義、順、責善、天、枉尺直尋、天敬等基礎概念都做了進一步的探索，對孟子全書相關的文字都做了仔細的比對，以求其真義，相互矛盾之處或作假設性的解釋，或歸類於「待解」之例。

本書最難能可貴的是作者挑出了很多前後矛盾的，或與孔子思想脈絡不合的，甚至孟子「以偏概全」部份說成「全體」、「有所蔽的巧辯」、「過甚其詞」、「語意含混」等等錯誤。

例舉如下：

（一）馮婦何故不當爲：盡心下篇載：「齊饑，陳臻曰：『國人皆以夫子將復爲發棠，殆不可復。』孟子曰：『是爲馮婦也。』晉人有馮婦者，善搏虎，卒爲善士。則之野，有眾逐虎。虎負嵎，莫之敢攖。望見馮婦，

趨而迎之。馮婦攘臂下車，眾皆悅之，其為士者笑之」。
此章義理、殊屬難解，其難解的核心、在於馮婦之何故
不當爲。孟子借馮婦之不當爲，以喻自己之不復請賑濟，
按諸孟子平素所懷的理想，頗有不易融洽之嫌，試分析
述之。

　　作者認爲，堯舜都有驅趕猛獸的記錄，孔孟皆稱之，
爲何此時「虎負嵎，莫之敢攖」下車搏虎就被「士者笑
之」？其實是孟子譏笑馮婦。孟子爲何譏笑馮婦，作者
自認不解。

　　（二）天無二日：萬章上篇第四章載有孟子告咸丘
蒙語：「孔子曰：『天無二日，民無二王。』舜既爲天
子矣，又帥天下諸侯爲爲堯三年喪，是二天子矣」。孟
子此一番話、含有兩部份：依照字面解釋，此二部份的
內容、顯然互相抵觸，不容並是。「民無二王」、明謂
一國不得有兩個君主，天下不得有兩個天子。「是二天
子矣」、又明白肯定了天下之有兩個天子。其兩相抵觸，
無論如何巧辯，實爲勢所難爲。故有孔子的主張而是，
則舜的行事必非，反之，若舜的行事而是，則孔子的主
張則非。一是必一非，不可能有兩是的餘地。但孔子是
孟子平素所願學的，孟子總不該以自己平素所願學的人
的主張爲非，舜是孟子所時刻稱道的，孟子亦總不該以
自己時刻所稱道的人的行爲爲非。在孟子的思想、依理

推論，必須兩是。思想與言論的是非、其所以兩不符實、最合理的推斷，必其中之一犯有錯誤。然則錯誤究在何方？筆者疑其錯在言論方面之有文字的脫漏。

　　作者認為脫漏之處可能是「堯既為天子矣」當系虛擬之詞，否則孟子說法與孔子不合。

　　（三）仲子惡能廉之矛盾：滕文公下篇載：「匡章曰：『陳仲子豈不誠廉士哉……』孟子曰：『……仲子惡能廉！充仲子之操，則蚓而後可者也。夫蚓上食槁壤，下飲黃泉。仲子所居之室、伯夷之所築與，抑亦盜跖之所築與，所食之粟、伯夷之所樹與，抑亦盜跖之所樹與，是未可知也。』曰：『是何傷哉！彼身織屨，妻辟纑，以易之也。』曰：『仲子、齊之世家也，兄戴、蓋祿萬鍾。以兄之祿為不食也，以兄之室為不義之室而不君也，辟兄離母，居於於陵』」。孟子此文、僅就字面思索，其前後義理如何連結，已不甚易解。若再以萬章下篇所載孟子答萬章語為參考，則更令人思路紊亂，益增其難解。孟子告萬章云：尊者賜之。曰：兩文對照，頗疑其不易相容。繼思婕屬難解，必有其可解在。萬章上篇載：孟子教人、要「不以辭害志」，要「以志逆志」。試師其意，勉力溝通，先說言詞方面難解的理由，次作自以為尚能有合於理的解釋。

　　作者對孟子的「取」與「無取」，做了深入的比對

並試圖強作假設性的解釋，但作者認爲並不周延。

（四）率獸食人：梁惠王上篇載：孟子告梁惠王云：「庖有肥肉，廄有肥馬，民有飢色，野有饑莩，此率獸而食人也。獸相食，且人惡之。爲民父母，行政不免於率獸而食人，惡在其爲民父母也」。據滕文公下篇所載，「庖有肥肉……此率獸而食人也」數語、原是公明儀所說。「民有飢色，野有饑莩」、謂百姓有飢餓而死的。「庖有肥肉，廄有肥馬」、謂家畜吃得飽滿而肥胖。兩事對說，固足以優待家畜而苛待百姓。此一情況、甚言之，亦只可說：奪民之食以飼家畜，未可謂爲以人肉供獸食。公明儀的結語「此率獸而食人也」、顯屬前言後語不相符合。孟子加以引用，不免有失察之嫌。容或有人辯護云：此云「食人」，並非食人肉之意，只是前章「狗彘食人食」中「食人食」的省略詞。但孟子接下去說：「獸相食，且人惡之」謂「率獸而食人」、其殘忍於漠視獸之相食。「獸相食」用有「相」字，只可解作此獸食彼獸的肉，不能解作此獸食彼獸的食。以彼例此，孟子此言、實已自己證明其所云「食人」之爲食人肉。故假設的辯護不足以舉辯護的實效，而孟子的過甚其詞，亦屬無可疏解。

重做馮婦後來變成一句常用的成語，作者對孟子以重做馮婦來諷刺馮婦不以爲然。

　　從陳大齊先生的「孟子待解錄」我們可以發現陳大齊先生的治學充分運用了邏輯學、語意學，不但從思想脈絡，同時也從訓詁、排比等各種科學方法來解讀孟子，對聖人之言是否正確敢提出質疑、敢提出批評，這比清儒疑古學者用盡所有氣力、讀遍群經典籍，但是一切是非皆以孔孟之言爲唯一對錯標準高明得多矣！比理學家碰到古籍理路不通之處，想盡辦法替聖人之言「牽合」、「彌縫」，也高明多矣！因爲理學家的讀書態度比「不求甚解」還要可惡。

　　陳大齊先生的「孟子待解錄」乙書，假如陳大齊先生更大膽些，把書名改爲「孟子思想評述」可能與書中內容更貼切些，陳大齊先生在儒學上的發明會更有成績。

　　「孟子待解錄」運用了大量邏輯學、統計學、語意學的方法，可是陳大齊先生基本上不否定孔孟倫理學、道德形上學的價值，所以從陳大齊先生的治學方法，我們可以發現科學方法治經學完全是可能的。

羅素荀子與中庸之道

　　自從漢武帝罷百家，獨尊儒術以後，儒學就走進了玄學的死衚衕，宋明有一部份理學家雖然強調「尊德性」、「道問學」一樣重要，但是在中國「問學」也淪入只談道德、倫理的「德性」之學，政治、軍事、經濟、賦稅、法律皆成形而下的細微末節，更遑論巫醫、樂師、百工之學更爲知識份子所鄙視，形而上的天理、人欲、性、命、道耗盡知識份子心力。

　　回顧中國學術，以現代學術分類觀之，中國人缺少學術分類觀念，以及社會學觀念，對不同學術的對社會功能不清楚，治學方法又一直停頓在直觀的、概念式的思維方式兜圈子，一直沒有發展出邏輯學與歸納法。

　　我這樣說很容易被人批評「以今非古」，但是我以羅素對現代科學與玄學的認知與荀子的天道觀作一比對，發覺兩人理論竟有許多契合之處，以羅素與荀子的思維方式來解讀中庸，更有助於學界瞭解中庸之道的真面貌與真價值。

　　羅素是二十世紀最偉大的學者之一治學領域橫跨哲學、數學、邏輯學、文學，一九五〇年獲諾貝爾文學獎，同年十一月，羅素應邀到美國哥倫比亞大學的麥德基金會演講，題目是「科學與社會」，第一章科學與傳統，羅素對歐洲學術發展作了簡單的闡述，羅素認為歐洲學術發展的過程就是學術方法科學化的過程，到了十八世紀學術科學化產生了三個特點。

　　一、事實的陳述必須根據觀察，而不是憑藉毫無根據的權威。

　　二、無機的世界是一個自行運動，永遠續動的體系，在這一體系之中，一切變化與自然律（NATURAL LAWS）相一致。

　　三、地球不是宇宙的中心，人類也不是世界的目的。而且「目的」也會慢慢兒停下來的，他們以為只有生命物體，才可以不藉外界之助而自行運動。這種觀念就科學言之，毫無用處。

　　羅素的思想今天看來鄙之無甚高論，羅素的主張至今己經成為沒有爭議的常識，但是兩千多年前我們的荀子竟然有許多與羅素相同的觀念，尤其對「天」、對「自然」的認知。

　　荀子認為「天」是會自然運行，永恆不變的自然體，有其自然規律與「人」、「人事」無關，荀子曰：

「天行有常，不為堯存，不為桀亡，應之以治則吉，應之以亂則凶」（天倫）

「列星隨旋，日曬遞炤，畏時代御，陰陽大化，風雨博施，高物各得其和以生，各得其養以成……」（天倫）

「天不為人之惡寒也輟冬，地不為人之惡遼遠也輟廣……」（天倫）

「疆本而節用，則天不能貧；養備而動時，則天不能病。」（天倫）

荀子的天道觀與羅素所說的「無機的世界是一個自行運動體系，在這一體系之中，一切變化與自然律相一致」幾乎一樣，當然羅素所謂的自然體其範圍應該比荀子所認識的天範圍更廣。

荀子所謂的「天行有常，不為堯存，不為桀亡」，不正是羅素所謂的「地球不是宇宙的中心，人類也不是世界的目的。」當然荀子的天可能沒有宇宙、地球的概念，但是「人類也不是世界的目的」這種觀念與羅素的說法完全相同。

至於荀子從心理學的角度觀察人性，主張性惡，從社會學的角度主張禮法並重，從社會學功能的標準主張法後王，主張富民等等又多得合羅素所說的「事實的陳述必須根據觀察，而不是憑藉毫無根據的權威。」而荀

子的思辨方式已經有邏輯學的概念，更符合羅素所謂的科學精神。

羅素生長在一個科學昌盛的時代，科學到羅素，在西方科學已經發展了幾百年，羅素對治學方法的主張竟與兩千多年前的荀子如此近似。

荀子生長在一個科學不發達的時代，社會充滿各種迷信，而荀子的治學方法，荀子提出的新觀念是一種超越時空的成就，荀子是先秦儒家最後一位大師，也是最偉大的大師，但是遺憾的是荀子的學說後繼無人，被冷落了兩千多年之久。

如果以荀子、羅素共同的治學標準來檢視中庸這本書，則無中庸的治學方法，中庸提出的概念、理論都無法成立，如中庸第二十二章：

唯天下至誠，為能盡其性；能盡其性，則能盡人之性；能盡人之性，則能盡物之性；能盡物之性，則能贊天地之化育；可以贊天地之化育，則可以與天地參矣。

以荀子、羅素的觀點，「誠」是人類行為的準則，誠不誠是人訂的與「物」無關，與物之性無關，與天更無關，為什麼至誠，盡物之性以後可以「贊天地之化育」，可以「與天地參」呢？反過來說如果人類從帝王到百姓大家都「不誠」，世界就毀滅了嗎？事實上人類歷史上出現過多次暴君虐民，而日月運行依舊，暴君最後壽終

正寢的案例，不誠又會如何？許多弱小民族善良卑微地生存在地球上或因天災、或因異族入侵而絕滅了，誠又有何用？

　　至於中庸，致中和、精微、前知，這些說法都是不合邏輯，無法印證，不成理論體系的無根之談。中庸在提到這些孔孟都沒有提過的「新名詞」的時候，對這些新名詞都沒有給予清晰的定義，此點與孔孟反覆解釋「仁」、「義」、「孝」、「德」等概念不同與莊老反覆解釋「道」的闡述一個概念、一個主張的表達方式更不同，而中庸乙書又晚出，晚出的書籍，因爲知識普及跟書寫工具改進等原因，文字應該更嚴謹，句子、文章更長，語意表達更詳盡才對，而中庸之語意支離破碎、概念含糊、文字不合文法、思想脈絡雜蕪，不類晚出之書。合理的解釋：中庸非但是晚出的僞書，而且非一人一時之作，如係一人或少數人之作品，即使思想脈絡混同道、墨之說，在成書時至少在文字上、語意上做一些基本的編輯融會工作，而不可能出現今天中庸文字不通、思想雜亂的情形，故此可以延伸出另一推論，中庸是拼湊的僞書，拼湊者是三流的學者，連基本句文字功力都不夠，所以才會拼出一本如此糟糕的僞書。

　　不提羅素，假如荀子生前看過中庸，以荀子的功力，一定會把中庸批評得一文不值。

　　我們非常驚訝於兩千多年前的荀子思想與羅素的科學觀竟有如此近似之處，在驚訝之餘我也感嘆，我們的儒學會一蹶不振，檢討原因，不能全怪漢武帝，也不能把責任全部推給程朱，知識份子本身的怠惰、懦弱應負最大的責任。

第 二 篇

歐陽修的經學及其對後代的影響

　　歐陽修在中國歷史上是少數天才型的人物，其治學範圍除文、史、哲外又涉及金石、目錄學（參加編著崇文總目）。「集古錄」是金石考古的重要著作「凡周漢以降，金石遺文，斷編殘簡，一切掇拾，硏籍異同。」（宋史歐陽修本傳）

　　歐陽修的經學對後世影響很大，歐陽修是宋朝理學的開創者，啓發者，但是宋明理學後來的發展卻完全背離歐陽修的治學方法、態度，更背離歐陽修對儒學的主張。對於前者論述頗多，對於後者注意者少

　　北宋初期經學承唐之傳統「九經注疏既鏤版國學著爲功令，即重定孝經、論語、爾雅三疏，亦確守唐人（五經或九經）正義之法……。」

　　但是儒學至此發展已逾千年,千年以後漢人、唐人注

疏愈多，儒學愈不純淨，後來又雜入佛、老、讖緯之說與春秋、戰國原始儒家學說相去更遠，學者窮畢生之力困於注疏已無獨立思考之可能。學者漸漸形成反對風潮透過私人講學欲對抗官學。

范仲庵、歐陽修都鼓勵私人講學，范仲庵更邀當時的新學創導者胡瑗（安定）、孫復（泰山）到太學、國子監講學，歐陽修與胡、孫俱為好友，北宋新學經范、歐陽、胡、孫可謂倡導者，其學術精神是在復舊的基礎上創新，對後世影響很大。

歐陽修治經學的態度跟方法值得注意者如下：

「大儒君子於學也，理達而已矣。」（歐集易或問三首）

「經之不待傳而通者十七八，因傳而惑者十五六，聖人之意絞乎經。」（歐集春秋或問）

「其久遠難明之事，後世不必知，不知不害其為君子者，孔子皆不道也。」（歐集帝王世次圖後序）

「少無師，學出己見。」（臥集回丁判官書）

「夫世無師矣，學者當師經，師經必先求其義。」（歐集答祖釋之書）

從以上的理論，可歸納歐陽修的治學態度有下列特點：其一、推理。二、要有己見。三、反對盲目相信注疏。四、懷疑精神。五、證據主義。六、反對迷信。這

些治學的特色非但與漢唐以來學者治學方法不同，且與
南宋至明的理學家治學態度亦不相同。歐陽修的治學態
度又可歸納成懷疑精神、科學方法兩大特色。

　　歐陽修極力反對迷信之學，主張九經正義中出於讖
緯的部份刪去。

　　但是很遺憾的是，歐陽修的治學精神對廓清理學迷
障沒有造成太多的影響。時人對於他專信六經，太輕傳
注，只談人事之理，而薄視性理，從他的門人起到南宋
的道學派，頗有一些反對的意見。譬如陳善就說：「余
愛歐陽公學術議端，然常恨其信經太過，反泥而不通。」
朱熹也說：「祖宗以來，學者但守注疏。其後便論道。
如二蘇直是要論道，但注疏如何棄得？」歐陽修把「理」
局限於人事之理，這連歐陽修的門人都覺得太狹隘。「歐
陽公以河圖洛書為怪妄。東坡云：『著于易，見于論語，
不可誣矣。』南豐云：『以非所習見，則果于以為不然，
是以天地萬物之變，為可盡于耳目之所及，亦可謂過矣。』
蘇、曾皆歐陽公門人，而議論不苟同如此。」至於性理
的問題，歐陽修的弟子劉敞曾對他表示過異議，楊時更
是大加批評：「孟子一書，只要正人心，教人存心養性，
收其放心，……故孟子遇人便道性善、歐陽永叔卻言，
聖人之教人，性非所先，可謂誤矣。」

　　這些反對意見，用今天的標準來看，非但不是歐陽

修治學的缺點，反而應視歐陽修治學過人之處。

其一、注疏之弊胡亂解釋經文之弊小，思想禁錮之弊大，且去古日遠，注疏者日眾，僅看歷代注疏即已耗盡學子心力，學問豈容再有創見。

其二、河圖、洛書確爲怪妄之僞作「著于易，見于論語，不可誣也」（東坡云），這種說法不能成立，今之學者早已證明河圖、洛書是僞作。

其三、歐陽修對心、性的反對，更證明歐陽修先見之明，以心、性爲基礎的理學一直到明末東林學子，清陳乾初、崔東壁方才出現有系統之評論。

歷史的發展往往出人意表，思想史的發展亦復如此，北宋初年作爲儒家改革者的大師歐陽修畢生致力於排佛，反對注疏，反對談性，主張證據主義、獨立思考（學有己見）等重要主張，到了南宋一直到明代，理學的發展幾乎完全背道而馳，理學不但空言心性，而且卑視一切有關軍事、律法、賦稅之實學，對微言大義的追求也打破了儒家的標準。二程、朱熹對五經的注疏更成爲比五經正義還霸道的唯一答案，學者甚至勇於反孔孟不敢反程朱。儒家從漢唐注疏的迷霧中掉入了奢談心性的另一迷霧之中。這種結果絕非歐陽修等人的本意，這些現象都不是宋初儒家改革者所能預料得到的，歐陽修地下有知當擲筆三嘆。

　　歐陽修的經學理論在當時雖然遭到很多學者的反對，但是歐陽修對自己的經學的主張頗有自信，「余嘗哀夫學者，知守經以篤信，而不知偽說之亂經也，屢為說以黜之，而學者溺其久習之傳，反駭然非余一人之見，決千歲不可考之是非，余以自孔子沒至今二千歲之間，有一歐陽修者為是說矣。又二千歲，焉知無一人焉，與修同其說也，同余說者既眾，則眾人之所溺者可勝而奪也。」（歐集廖氏文集序）

　　歐陽修自信不是沒有道理的，從東林對理學的反省到清儒對理學的批判，到崔述的大學辯，都證明了歐陽修的高明。但可惜地是儒學在迷霧中又浪費了幾百年。

歐陽修對中庸的質疑

　　歐陽修有一首詩說：「春秋二百年，文約義甚夷。一從聖人沒，學者自為師。崢嶸眾家說…各鬥出新奇，爾來千餘歲，舉世不知迷。焯哉聖人經，照耀萬世疑。自從蒙眾說，日月遭蔽虧，常患無氣力，掃除浮雲披。」歐陽修批評讀書人「爾來千餘歲，舉世不知迷。」的確沒錯，先秦儒家，到了荀子發展到一個空前的高度，荀子無論對道、對天、對法與道德不同的社會功能有很多進步的創見，如果儒學順著荀子的道路發展下去，可能給中國學術帶來另一個高峰，但是歷史的發展往往出人意表。荀子之徒居然出現了與儒家重德治完全相反的韓非子之流的法術家，漢武帝獨尊儒術以後儒學又摻揉了陰陽家、道家思想，錢穆所謂漢唐儒學時代來臨。儒家走偏達千年之久，歐陽修雖然看出問題的徵結，並大膽地、全面地、科學地提出對漢唐之儒的批評，但是遭到的阻力太大，故詩中有「常患無氣力，掃除浮雲披。」之嘆。

　　以歐陽修的治學態度、破除迷信、重視證據、講邏輯（合理）等特色，當然不會苟同中庸的許多理論，歐陽修反對中庸玄學的部份以及與語孟義理不合的部份，其思維是從思想脈絡的角度與孔孟之學比對，這種治學方法到了清朝的陳乾初、崔東壁才有更深入、更細膩的發揮，歐陽修比陳乾初、崔東壁早了三百多年。

　　歐陽修答李詡第二書：「修患世之學者多言性，故常為說曰：天性非學者之所急，而聖人之所罕言也。易六十四卦，不言性。其言者，動靜得失吉凶之常理也。春秋二百四十二年，不言性。其言者，善惡是非之實錄也。詩三百五篇，不言性。其言者，政教興衰之美刺也。書五十九篇，不言性。其言者，堯舜三代之治亂也。禮樂之書雖不完而雜出於諸儒之記，然其大要，治國修身之法也。六經之所載，皆人事之切於世者，是以言之甚詳。至於性也，而不一二言之⋯論語所載，七十二子之問於孔子者，問孝，問忠，問仁義，問禮樂，問修身，問為政，問朋友，問鬼神者有矣。未嘗有問性者。孔子之告其弟子者凡數千言。其及於性者，一言而已⋯今之學者，於古聖賢所皇皇汲汲者，學之行之，或未至其一二，而好為性說，以窮聖賢之所罕言而不究者，執後儒之偏說，事無用之空言⋯為君子者修身治人而已。性之善惡，不必究也。使性果善耶，身不可以不修，人不可

以不治。使性果惡者，身不可以不修，人不可以不治…使孟子曰人性善矣，遂怠而不教，則是過矣。使荀子曰人性惡矣，遂棄而不教，則是過矣。使揚子曰人性混矣，遂肆而不教，則是過矣…夫三子者，推其言則殊，案其用心則一。」歐陽謂古聖人言修身、言政治、言倫理，而罕言性，不做「無用之計」，言「性之善惡不必究也」，否則何必問學修身，對於善惡問題，歐陽修則曰孟子、荀子、揚子「推其言則殊，案其用心則一」，這是很進步、很科學的觀念。

　　講性理的學者，多半根據中庸出發。歐陽也很重視中庸，但他反駁說：「論語云：吾十五而志於學…孔子之聖必學而後至，久而後成。而中庸曰：自誠明謂之教…則中庸所謂自誠而明，不學而知者，誰可以當之歟…無用之空言也。故予疑其傳之謬也。」數百年後，王陽明良知良能之說流於空疎，歐陽早就有先見的警告。歐陽主要的論點是性理不見於六經。「聖經之所不著者，不足信也。」「經之所書，予所信也。經所不言，予不知也。」

　　歐陽修的真知灼見不但沒有影響後世，即使在當時既遭受許多批評，如：

　　「王厚齋曰：歐陽公以河圖洛書為怪妄。東坡（蘇軾）云：著于易，見于論語。南豐（曾鞏）云：以非所

習見，則果于以為不然。是以天地萬物之變，為可盡于耳目之所及，亦可謂過矣。蘇曾皆歐陽公門人，而議論不茍同如此。」

陳善說：「余愛歐陽公學術議論，然常恨其信經太過，反泥而不通。」南宋學者葉適也同意此評：「以經為正，不泥于章讀箋詁，此歐陽氏讀書法也。然其間節目甚多，固未易言，以其學考之，雖能信輕，而失事理之實者不小矣。」

朱熹就說：「祖宗以來，學者但守注疏。其後便論道。如二蘇直是要論道，但注疏如何棄得？」

道學派所最不能贊成的是歐陽修不言性。北宋時已經有人指摘這點。「性，學者之所當先，聖人之所欲言…永叔卒貽後世誚者，其在此書矣。」按「此書」即「答李詡書」。楊時註孟子就將歐陽大事批評：「孟子一書只要正人心…故孟子遇人，便道性善。歐陽永叔卻言，性非所先，可謂誤矣。」又說：「孟子遇人，便道性善。永叔卻言聖人之教人，性非所先。永叔論列是非利害，文字上儘去得，但於性分之內，全無見處，更說不行。」

這些批評大多言不成理，以資料之可信性而言，學者早已證明禮記晚出，大學中庸非一人一時之作，大學中庸許多語彙來自孟子，河圖洛書更是荒誕無稽之談。清黃黎洲著易學象數論六卷力辨河、洛方位圖說之非。

崔東壁對資料的篩選更為嚴格，崔東壁談儒學只信語孟左傳，連史記都不盡信，歐陽修在那個時代即有那麼勇敢的懷疑精神，實在令人敬佩。

至於王得臣指責歐陽修「性，學者之所當先，聖人之所欲言…永叔卒貽後世誚者，其在此書矣。」但是王得臣輩根本搞不清楚，中庸所謂之性是無所不包的，天馬行空、升天入地的「性」，是帶有種神秘色彩玄學之性，與孟子「本性」、「性善」之性完全不同義。

綜合宋儒最大的問題在讀經的態度，迷信程朱注疏，遇有矛盾之處不敢懷疑，不敢深入探討，只知「牽合」，只知「彌縫」，這跟歐陽修的懷疑精神、追根究底的勇氣實在相去太遠。

歐陽發（先公事迹）問歐陽修：「公以文章儒學名天下，而治此俗吏之事乎？」歐陽修回答：「吏之不識，吾所愧也，繫民休戚，其敢忽乎？」這種說法實在迂腐之極矣！數百年後黃黎洲對歐陽的論調有更深入的解析：

黃黎洲曰：「儒者之學經緯天地，而後世乃以語錄為究竟，僅附答問一二條於伊洛門下，便則儒者之列，假其名欲欺世，治稅賦者目為聚斂，開闔扞邊者則目為蠹材，讀書作文者目為玩物喪志，留心政事者目為俗吏，徒以『生民立極，天地立心，萬世開太平』之闊論，鈐

束天下。一旦有大夫之憂，當坡國之日，則蒙然張口，如坐雲霧，世道之潦倒泥腐。遂使尚論者以為立功建業，別是法門，而非儒者之所與也。」（文定後集卷三弁玉吳君墓誌銘）

　　中國諸子百家學術，有一共通處乃「經世致用」，即使道家學說其終極目標在打造一個祥和安定的社會，而當時的學者竟有此問，竟會藐視歐陽修的實學為「俗吏之事」，說這種話的人真是混人也。理學發展到「坐談心性」，儒學從經世致用走進了玄學死巷，學者敢於誣孔孟，必不敢倍朱程。最終導致理學脫離現實，終宋朝之世不能擺脫異族侵略而終致亡國，從學術角度來看，北宋已見端倪，歐陽修之努力及身而終惜哉！

東林對理學的反省

　　南宋以來書院講學之風日盛，一直到明末此風未嘗
稍歇。明末政風流於意氣，外患日亟，部份儒林健者猛
烈批評朝政，同時檢討理學，一時蔚為風氣。士人競相
打著東林招牌，其實根據黃黎州明儒學案，正牌東林不
過顧涇陽（憲成）、顧涇凡（允成）、高景逸（攀龍）、
錢啓新（一本）等十七人而已，但士林競相自稱東林。

　　東林黨人講學的主要內容有二：一為批擊時政；一
為矯挽王學末流之弊。理學發展到了陽明以達極度。東
林對陽明天泉證道「無善、無惡、心之體」，攻擊尤力，
顧憲成曰：「夫自古教人，為善去惡而已，為善為其固
有，去惡去其本無。本體如是功夫如是，其致一而已矣。
陽明不教人為善去惡？然既曰『無善無惡』，又曰『為
善去惡』……。」顧憲成又引王塘南曰：「心、意、知、
物皆無善無惡，使學者以虛見為實悟、必依憑此語，如
服鴆毒，未嘗有不殺人者。」陽明晚年論說已經進入純
玄學境界。

　　顧、王都看得很清楚，經學要旨、王學精神，都應在「爲善去惡」乙事，陽學鑽進了玄學的死衚衕，在大方向上已經產生了大矛盾、大偏差，使學者產生了「以虛見爲實務」的情境。

　　王學末流喜談本體，「無善無惡為心體」之說已流入虛妄之玄談，東林對此謬論辯駁尤力，高易逸曰：「不患本體不明，只患功夫不密。」（明儒學案卷五十八）

　　錢啓新更進一步說明「工夫為主，一粒穀種，人人所有，不能凝聚到發育地位，終是死粒。」（明儒學案卷五十九）

　　東林對理學的質疑、批判表面上在心、性、善、惡，實際上在中庸與狂狷、空談與實用做出分辯，只是中庸是尊大菩薩，無人敢碰，而且當時許多人尚認爲中庸之理論早於孟子，是儒家思想源頭，無人敢直接懷疑其實是禍之端也。

　　我的說法理由如下：

　　『有一天顧氏兄弟對談，涇凡（允成）謂然而嘆，涇陽（憲成）曰：「何嘆？」曰：「我嘆今之講學者，恁是天崩地陷，他也不管，只管講學耳。」涇陽曰：「然則講何事？」曰：「在縉紳只『明哲保身』一句，在布衣只『傳食諸侯』一句。涇陽為之慨然。」

　　涇陽常言「人須是一個真，是非之心人皆有之，只

以不真之故，便有夾帶，是非太明，怕有通不去，合不來的時節，所以須要含糊。少間，又于是中求非，非中求是。久之且以是為非，以非為是。」（明儒學案卷五十八）

　　講是非要含糊，要有夾帶，不可太明，這是明儒東林學人的感慨，這種情況至今依然，這不單是學術問題，也是民族性問題，一直到今天的社會，圓融、含混、低調、明哲保身不還是我們今天的做人處世之道嗎？綜合這些原則用學術語言解釋不就是中庸之道嗎？』

　　『但是明儒劉靜之卻說：「聖賢只在好惡前對分曉，不在惡時持兩端。如慮好惡未必得當，好不敢到十分好，惡不敢到十分惡，則子莫之中，鄉愿之善耳。」，（明儒學案卷六十）』

　　錢啟新云：「聖門教人求仁，無甚高遠，只要人不壞卻心術。狂狷是不壞卻心術者，鄉愿是全壞心術者。」（明儒學案卷五十九）

　　『顧憲成曰：「平生左兄怕言中字，以為我輩學問，須從狂狷起腳，雖然能從中行歇腳，凡近世之好為中行而每每墜入鄉愿窠臼者，只因起腳時便做歇腳事也。」（明儒學案卷六十）』

　　東林精神在黑白分明，在是非分明這種主張是明明白白的反中庸之道，是清清楚楚的主張狂狷，狂狷無論

在求學，無論在做人，都比中庸要難，因為狂狷之士會碰得頭破血流，會給自己帶來災禍。做學問狂狷是窮追猛打、錙珠必較、不和稀泥，不是更合科學精神？更費力氣嗎？但是東林黨人怕見「中」字，因為「中行」很容易墜入鄉愿窠臼，怕墮入鄉愿窠臼「起腳時便做歇腳事」嗎？

　　東林學者的反省，對王學末流的攻擊，其實是直指禮記中庸的理論。我們比較論語、孔子治學方法、治學態度，尤其對主張在狂狷的原因說得如此清楚，對照禮記中庸的含混、玄祕，東林學者對理學、對王學末流之批判可謂一針見血，可謂超越前賢多矣！東林學者對「中行」、「鄉愿」的批判，如此大力的主張士人狂狷，應該是一種來自於經驗的、實務的反省。

　　但是遺憾的是東林學人對「中行」、「鄉愿」的源頭禮記、中庸篇卻輕輕放過，沒有深入的更進一步的探討，這是擒賊未擒王的遺憾。

清儒對禮記的批評之一　陳乾初

　　筆者從早年對宋明理學的質疑，到近年對禮記尤其是中庸的批評，我研究宋明理學之弊，我發覺宋明理學除受佛教老莊影響之外，深入探究其思想脈絡，許多問題出在禮記，尤其禮記的中庸理論，道、釋對儒學對中國文化的影響顯而有定論，但是中庸對中國文化的影響隱而是非難辯，何也？道、釋皆自成一家，讀者會用心思辨其與儒家之異同，而大學中庸打著儒家的招牌，用道家的語言，尤其經過二程、朱子的大力發揚，大學、中庸在國人心目中的地位與語、孟相同，無人再敢對其質疑也。

　　從東林以後到清初大儒對宋明理學展開猛烈批判，但對宋明理學的源頭之一，禮記卻很少做有系統的評論，而陳乾初可能是第一人，陳乾初的學說雖然被人忽視了百年之久，一直到民國二十六年錢穆在他的「中國近三百年學術」中提到陳乾初在清代思想史上的重要性，並刊載「大學辨」全文。從此陳乾初的學術才受到

世人的重視，遲至民國四十八年在南京圖書館及上海圖書館發現他的著作，經過整理校勘後民國六十八年末正式出版。

陳乾初的大學辨除了從史料來證明禮記非儒家孔孟、曾子一脈相承之儒家學說外，更從字義、文章句法、詞彙等證明大學非秦以前之著作，並且從義理、思想脈絡來分析，證明大學非儒家思想。

陳乾初的研究方法在當時來講是非常科學的，陳乾初的研究成果深深的影響了黃黎洲晚年的思想，以黃黎洲在中國思想史的地位，陳乾初在中國思想史上當然也該有一席之地。

陳乾初最重要的著作是「大學辨」，乾初先生對「大學」的評論有兩個主軸，其一大學是偽書，大學是禮記中的一個篇章，禮記是偽書的論者很多，陳乾初對大學的質疑，除從相關古籍之考證外，更以語、孟為標準，從語言方式、思想脈絡考證其非儒家經典，從禮記有大量道家的思想，到了宋明學者對禮記的解釋又摻揉了許多佛家思想，所以陳乾初斷定大學是偽儒學的作品，非但如此，更從微言大義著力分析大學與語、孟不同之處，勇敢地指出大學對儒家的傷害。

陳乾初大學辨的重點同下：

一、大學是「大」指學校的等級而非指學問之大小，

大學是「最高學府的意思」，大不是大學問的意思，他說：「大學字最不經……傳稱『十五入大學』，蓋例夫子十五志學之言而云，亦謂弟子所隸之學，非學問之學也，當讀『泰』。後儒罔識，附會成書，固已悖矣。」（註：陳確集辨迹補）

　　二、語、孟找不出有關大學的證據，陳乾初認為早期儒學偽書太多，辯真偽只能以論語、孟子兩書為標準，論語、孟子兩書中竟然找不到任何有關大學的資料，可見大學非秦以前的作品，至於傳說禮記是曾子獨傳到孔子孫子，子思的說法，更以嘲笑的語氣說：「大學……外有以極其規模之大，而內有以盡其節目之詳者。三千之徒，蓋莫不聞其說，而曾氏之獨傳得其宗，於是作為傳義。」（註：大學章句序）陳對這種不合情理的傳說根本不信。

　　三、從文章句法、詞彙的使用證明大學非秦以前的儒家作品：陳乾初說：「『在明明德，在親民，在至於至善』……三言皆脫胎帝典，克明俊德，以親九族；九族既睦，平章百姓；百姓昭明，協合屬邦；黎民於變時雍。……帝典『克明下貫一『以』』字，便文理燦然，而此下三『在』字若三事然，則不通矣……『古之欲明明德于天下』之云云者，尤其知道者之言也……孟子之釋恆言，提一『本』字，何等渾融，大學紛紛曰『欲』

曰『先』，悉是私偽，何得云誠。」（註：陳確集大學辨）陳乾初也認爲「修身，齊家，治國平天下」語是根據孟子離婁上「人有恆言，皆曰天下國家，天下之本在國，國之本在家，家之本在身。」陳乾初認爲孟子用「本」來說明「身、家、國、天下」的關係，大學用「欲」用「先」不免參雜「私偽」，不如孟子渾融。

四、大學地位提昇，起自韓愈之原道，韓意以大學要旨以排佛，後經二程，朱子之發揚才得側身儒家殿堂。然而伊川並未敢直言大學出自孔子，朱子也對大學的身世亦云「無他左驗」。

五、大學自宋以後才受重視，陳乾初認爲是受帝王提倡的結果，陳乾初說：「蓋自宋仁宗特簡中庸大學篇兩新第，「上有好者，下必有甚焉，學者輒相增加附會，致美其稱，非有實也。」（註：陳確集辨迹補）另，陳乾初答張考夫書說作大學者，初未嘗假託孔，曾之言如篇中兩引孔子，一引曾子之言，則外外此皆非孔曾之言可知（註：陳確集）。

六、大學言知不言行，非孔孟之道。

大學知「止」，非但以知爲重，是言知不言行，且是大學是禪學的主要原因。知止，止於至善，皆非儒家觀念，陳乾初曰：「天下之理無窮，而一人之心有限，而敖然自，以爲吾無遺知焉者，則天下之大妄人矣，又

安所得一旦貫通而釋然於天下之理之日也哉！」（註：大學辨）「古之君子亦有學焉而已，善之未至，即欲止而不，善之已至，尤欲止而不能，夫學，何盡之有。」（陳確集行路歌）知止最為荒誕，致知，知止，都是空寂之學與禪學「一覺無餘事」相近，與儒家學無止境完全相反。

　　此外陳乾初又分辨陽明之知為道德良心之知，非儒家知識之知，反對朱子將心一分為二，人心與道心，陳乾初認為心的功能除思想智慧外，同時也有「事物之權衡，義理之繩準。」

　　以上是陳乾初大學辨的主要內容，大學辨從陳乾初的老師劉蕺山（宗周）對中庸大學的懷疑到陳乾初對大學的研究、批評，中間經過一個漫長的掙扎過程，陳乾初的大學辨的研究方法在當時而言是非常科學的，除了傳統的整輯、排比、校勘外，已經涉及邏輯、語意學與文法等現代研究方法，如批評「大學之道在明明德，在親民，在止於止善」一個句字裡提到三件事，而三件事是獨立的互相無關，以語法、語意而言，非儒家之言，以文法而言，豈可一句話三個主詞，而三個主詞互無關連，雖然陳乾初沒有提出文法、語意等現代詞彙，但是已經意在言中。

　　其實何止大學、中庸的文字，語意、文法更為支離

破碎，許多文句不完整，常出現一句話數個主詞，缺少
敍詞等，許多章句天馬行空不知所云。

　　陳乾初對大學的研究，無論從研究的方法，大學對
理學的影響，理學對儒家的影響，都直指要害，尤其對
當時的儒者「敢於誣孔孟，不敢倍（背）程朱」的學風
大張撻伐。但是陳乾初如此科學地、深入地分辨大學精
微之處與孔孟的異同，卻對為禍更烈的中庸不用同樣的
治學方法、治學態度加以討論，而對中庸反而信其合於
儒家宗旨，實在令人驚訝，也令人失望。如以陳乾初的
治學方法來驗證中庸之思想脈絡，其不合於孔孟之處更
多，對學家的傷害更猛烈。

　　陳乾初對中庸的論述不多，至少陳確集中不多見，
或有專文筆者未知，就大學辨陳乾初提到中庸部份極
少，僅見於陳確集，無迹補篇「即中庸一書，世儒皆言
夫子思所作，吾未知其真偽如何。然中庸二字，夫子亦
每言之，而獨不及大學，何也。」中庸是禮記中的一章，
陳乾初認為禮記是偽書，中庸當然也是偽書，但是陳乾
初似乎認為中庸義理部份合於儒家思想，並且說中庸二
字孔子「每言之」，陳乾初的說法不正確，論語中孔子
提到中庸只有「不得中行而與之，必也狂狷乎！狂者進
取，狷者有所不為也。」（子路）「中庸之為德也，其
至矣乎，民鮮能久矣！」（論語雍也）「允執其中」（堯

曰）等數則而已。

孔子談中庸僅上述幾則，寥寥數語，跟孔子談仁、談孝、談德等問題，次數之多，闡述之詳，一本因材施教的原則對不同的學生，回應不同的答案完全不同。我甚至對孔子心中的「中庸」到底作何解釋，高度的存疑（註：詳本書孔子中庸嗎？）根據陳乾初的說法，假如中庸是孔子的中心思想之一，絕不會在論語中只有上述幾條記載，而且語焉不詳，真意已不可考。

陳乾初大學辨，從考據真偽，到從章句、語法、思想脈絡，如此細膩，但對同樣出之禮記的偽儒學「中庸」卻不見任何批評，且認為孔子「每言之」，何以如此，我認為有兩個可能，其一陳乾初窮一生之力苦思大學之弊、大學思想與儒家之區別，大學思想對宋明理學之影響，書成以後又受當時學者抨擊，被同門師兄弟視為叛徒，以黃黎洲之賢初亦不能接受陳乾初之理論，大學辨書成，又與多位學者討論、答辯，最後已經耗盡精神、力氣。時間、健康都不允許他再對中庸做深入的探討。其二陳乾初或以論語中有中庸、中行等字眼，論語中也有即輕信中庸為孔子主張，而未深究論語中之中庸與禮記之中庸與宋儒的中庸絕不相同處，故未深入探討也。

其實以陳乾初大學辨的治學方法來討論中庸，中庸之不合儒家義理之處遠遠超過大學，中庸與大學同樣為

宋明理學的源頭，且中庸對儒學之傷害，甚至對中國民族性之傷害遠遠超過大學，可惜陳乾初對中庸並未深入探究，讓「中庸之道」繼續影響中國學術及民族性延長數百年之久。

宋明理學的缺點顯而易見，論者多，而修正幅度亦大，中庸之弊隱而不易查覺，對中國文化、中國民族性之影響迄今不止，此為筆者對陳乾初學術深深引以為憾者。

如果以陳乾初大學辨的考據方法，比較中庸與語孟詞彙，句法之異同，從義理來比較中庸與語、孟之差異，中庸離孔孟之內容，離孔孟更為遙遠，茲以陳乾初的治經學思路，例舉中庸第一章「天命謂之性」，十六章子曰「鬼神之為福」，第二十二章「唯天下至誠」與二十七章「大哉！聖人之道！」兩篇證明中庸非但是後人偽作，且與儒家精神相去甚遠。

中庸第一章「**天命謂之性，率性謂之道，修道謂之教……**」：孔子罕言命，更很少談天道，孔子的天道觀接近荀子，孔子心中的天是沒有意志的，沒有善惡的，中庸第一句即與孔子想法不同，又喜怒哀樂未發謂之中，發而旨中節謂之和，孔子主張知識從學習而來，所以「入大廟每問事」，所以主張「學而時習之」，主張「溫故而知新」，中庸「發而皆中節」，喜怒哀樂是四

件事，發而皆中節以孔子的標準「聖人其猶病諸」，如何發而皆不中節未有一句交待，此說即爲一句空話，弟子問孝子曰：「色難」，孔子讚美顏回，「不遷怒不貳過」，可見孔子對喜怒哀樂「皆中節」絕不視爲容易事，此與儒家思路不合。

第十六章子曰：「鬼神之爲德，其盛矣乎！視之而弗見，聽之而弗聞，体物而不可遺，使天下之人，齊明盛服，以承祭祀，洋洋乎如在其上……。」

孔子不語怪力亂神，孔子認爲「未知生焉知死」，「未能事人焉能事鬼」，這一章非但不是儒家思想，也不是老莊思想，竟然近乎墨家「明鬼」論，中庸之駁雜可知。

第二十二章「唯天下至誠，爲能盡其性；能盡其性，則能盡人之性；能盡人之性，則能盡物之性；能盡物之性，則可以贊天地之化育；可以贊天地之化育，則可以與天地參矣。」

此段文字層層包裹，絕非孔孟語言，對「天」、「對性」、「對物」的觀念也絕非儒家，而是標準的老莊思想。

總括中庸內容雜亂無章，有近似儒家者，有近似道家者，亦有近似墨家者。中庸自十五章「君子之道」以後，數千言根本未再提到中庸二字，崔述判斷中庸僅此

一篇而非傳說中的有四十九篇，其中四十八篇已經亡失的說法，且從文章語法、內容來看，中庸不但非一人所作，而且成篇時間很長是不合儒家義理的僞書。

　　陳乾初與崔述同樣對禮記提出質疑、批判，但陳乾初的批判止於大學，但是幸而崔述對中庸也同樣提出質疑與批判可供我們參考。

清儒對禮記的批評之二
崔述對中庸的考證與批判

　　除了陳乾初以外崔述對古經學的考證在清儒中是最突出的一位。崔述非但對中國上古史存疑，而且對秦漢之際的很多經書存疑。

　　崔述推翻了「秦本紀」的三皇、「春秋緯」的十紀，削去了傳說中的上古十七天子，使中國歷史頓時縮短了一大段，但對中國信史與傳說確有廓清之功，崔述之膽識真是前無古人。

　　此外崔述治經學的目的是還孔孟的真面目，秦漢之際偽書太多，並且皆偽托孔孟聖人之言，孔孟失去其真面目久矣，崔述對經學的考據，在方法上最重要的態度是慎選資料，對於早期儒家的研究，崔述只相信論語與左傳兩部書，其他如史記中記載多有不實，而孔子家語、說苑等皆是偽書，都不可用來當研究早期儒家的史料。對於論語、左傳的記載崔述也並非盡信，如崔述認為論

語的後五篇「皆後人所續」，他並且發現了一個原則「蓋
其初篇皆別行，傳其書者，續有所得，輒附之於篇末，
以故醇疵不等，文體互異。」偽作「附之於篇末」幾乎
是一個公式，如荀子、莊子內篇等偽造部份皆「續之篇
末」。這應該是很容易發現的事，但是中國人讀死書讀
了兩千多年，一直到崔述才提出來。

　　考信錄對中庸的考據與批判，可謂前無古人，崔述
說：

　　　世傳戴記中庸為子思所作。余按，孔子孟子之言皆
　　平實切於日用，無高深廣遠之言。中庸獨探賾索隱，欲
　　極微妙之致，與孔孟之言皆不類。其可疑一也。論語之
　　文簡而明；孟子之文曲而盡。論語者，曾子門人所記，
　　正與子思同時；何以中庸之文獨繁而晦，上去論語絕遠，
　　下猶不逮孟子？其可疑二也。『在下位』以下十六句見
　　於孟子，其文小異，說者謂子思傳之孟子者。然孔子子
　　思之名言多矣，孟子何以獨述此語？孟子述孔子之言皆
　　稱『孔子曰』，又不當掠之為己語也。其可疑三也。由
　　是言之，中庸必非子思所作：蓋子思以後，宗子思者之
　　所為書，故托之於子思，或傳之久而誤以為子思也。其
　　中名言偉論蓋皆孔子子思之言；其或過於高深及語有可
　　議（若『追王大王王季』之類）者，則其所旁采而私益
　　之者也。又『哀公問政』以下，家語亦有之，至『擇善

而固執之者也』止，其中每隔數語即有『子曰』云云以發之。朱子以『博學』以下為子思所補，而『公曰』云云乃子思所刪。余按，論語所記孔子之言未有繁至數百言者而繼絕舉廢，朝聘以時，皆天子之事，孔子之告哀公何取焉？蓋孔子之答哀公本不過百餘言，其後則撰書者推衍其說，是以『好學』之句又以『子曰』發之。近世所傳家語，本後人所偽撰，彼蓋不知孔子之言之何止，故采其文逮於『擇善固執』耳。其『子曰』云云者，詞理淺陋，且增此數問，前後文義亦間隔不通，乃其所妄增無疑也。嗟夫，中庸之文采之孟子，家語之文采之中庸，少究心於文義，顯然而易見也，乃世之學者反以為孟子襲中庸，中庸襲家語，顛之倒之，豈不以其各哉！韓子云，『然後識古書之正偽』，嗟夫，嗟夫，此固未可以輕言也。

　　世傳中庸四十九篇，而今戴記止有中庸一篇；說者謂其四十八篇已亡以余觀之，今世所傳中庸非一篇也。何以明之？自『而命之謂性』至『惟聖者能之』僅數百言，而『中庸』之文凡九見，『中』之文凡六見，其餘他文亦皆與中庸之義相關。自『君子之道』以後數千言皆與中庸之義不相涉；『中庸』之文僅一見，而又與『廣』，『精緻』，『高明』之文平列，非意之所當注。其可疑者一也。『君子之道』以下皆言日用庸行之常，『鬼神

之為德也』。以下皆言禮樂祭祀之事，迥不相類；『哀公問政』以後詞意更殊。朱子曲為牽合，以『道不遠人』三章為『費之小者』，『舜其大孝』三章為『費之大者』，『哀公』以後為『兼大小』，其說固已矯強；而鬼神章明言祭祀之事，乃以鬼神為道為一氣之屈伸，而以『齊明盛服』數語為借祭祀之鬼神以明之，一章之中，鬼神凡為兩說，委曲宛轉以蘄合於『費隱』之義。其可疑者二也。自『天下至誠為能盡其性』以下皆分『天道』，『人道』；而『愚而好自用』二章其文不類，『聰明睿知』二章其序不符，則又以『限德』，『大德』，『不倍』，『不驕』分釋之。愚而好自用章以為不倍，固已；王天下有三逢其為不驕者何在？其可疑者三也。按，漢書藝文志稱樂記二十三篇，今戴記亦止一篇；然以史記及前人之說考之，則今樂記實十三篇，戴氏刪其十篇而合此十三篇為一耳。然則中庸亦當類此：蓋戴氏刪其三十餘篇而取其未刪者合為一篇也。以其首篇言『中庸』故通稱為中庸，猶首章言『檀弓』　遂通稱為檀弓，首章言『文王世子』遂通稱為文王世子也。古者以竹為簡，其勢不能多；後世易之以紙，故合而錄之，因不復存其舊目耳　以今中庸通為一篇而謂四十八篇盡亡，誤矣。

　　中庸不但非一篇，亦不似出於一手者：其義有極精粹者，有平平無奇者，間亦有可疑者，即所引孔子之言

亦不倫。何以參差若是？其非一人所作明甚，細玩則知
之矣。

崔述以上的考證可注意者：

一、從語文習慣上來考證「孔子孟子之言皆平實切
於日用，無高深廣遠之言。中庸獨探賾索隱，欲極微妙
之致，與孔孟之言皆不類。」、「論語之文簡而明；孟
子之文曲而盡。」、「中庸之文獨繁而晦」。

崔述在「考證錄提要」有一段話：

「唐虞有唐虞之文，三代有三代之文，春秋有春秋
之文，戰國秦漢以迄魏晉亦各有其文焉，其但其文悖，
其行事亦多有不相類者，戰國之人稱述三代之事，戰國
之風氣也，秦漢之人稱述春秋之事，秦漢之語言也……
無他，平日所聞所見皆如是，習以為常而不自覺，則必
有呈露於忽不經意之時者，少留心察之，甚易知也……。」

「少留心察之，甚易知也」但是讀死書的中國人，
非但不「少留心察之」，而且「不肯考其真偽，即有可
疑，亦必曲為之解，而斷不信其有真偽也。」

古書之誤有偽作者，有傳抄錯誤者，有記憶失真者，
此其誤本事理之常「不足怪，亦不足為其書累」（考信
錄提要上），「顧後之人何其所好，不肯為之誤，必曲
為彌縫，使之兩全，遂致大誤而不可挽。」

不肯或不敢對古書批評、辯正，而且喜歡「曲為彌

縫」是中國讀書人的一個大毛病，這個毛病使小問題而
最終變成「大誤而不可挽」。

　　其實中國讀書人的這種毛病豈止是表現在古籍考證
上，對於經學的解釋不也犯了同樣的毛病？如果宋儒對
禮記的解釋不是那麼「曲為彌縫」，過度解釋豈會發展
出偏離儒家精神的「理學」。

　　對於這一點在洙泗考證餘錄卷之一與孔子對曾子說
「參乎！吾道一以貫之。」為例，學者對「一」的解釋
有爭議，有人認為孔子的「一」不是曾子解釋的「忠恕
而已矣。」（論語里仁）宋儒把「一」解釋成「萬理渾
然」，結果「大抵儒者（宋明儒者）之論皆患於過高，
欲求加於忠恕之上，而不知其反陷入於空虛無用之
地。」、「吾寧尊曾子之言使學者倡有所持循，不敢從
宋儒之說，使聖道漸入於杳冥」、「一非忠恕，曾子不
言，門人不知，曾子不言，而朱子生二千年之後，獨能
默默與聖人之心相契而有以知之，吾恐朱子之賢尚未至
於此。」、「世之學者莫不談虛現而遺事實矣！象山開
其源陽明揚其波，舉天下聰明豪傑之才咸以禪理為宗
門，頓時為心法，至於明季而遂不可收拾。」（以上皆
自洙泗考信餘錄卷之一）宋儒對「忠恕」的解釋居然不
同於曾子誠怪異之極也。

　　二、崔述從古籍之可信度與古籍出土的時間排序也

有重要的發現「嗟夫，中庸之文采之孟子，家語之文采
之中庸，少究心於文疑，顯然而易見也，乃世之學者反
以為孟子襲中庸，中庸襲家語，顛之倒之，豈不以其名
哉！」（洙泗考信餘錄卷之三）這種辯偽的方法是很科
學的，也指出了宋明理學對儒家誤解的根本原因所在。

　　三、筆者很早就對「中庸」兩字的真正意思存疑，
孔子的「中行」、「不得中行道而與之」、「中庸之為
德也」，都無法說明孔子心中的「中庸」是什麼意思，
而禮記中庸篇對中庸兩字也沒有明白的解釋。但是程子
卻毫無根據地說「不偏不倚謂之中，不易謂之庸」，但
是從古籍、從說文我們都找不到「庸」有「不易」的意
思。所以我以為論語「中庸」的意思已不可解，禮記中
庸的意思亦晦澀不明，宋明理學家對中庸的解釋全為無
根之談。崔述也有類似的看法：

　　崔述說：「自『而命之謂性』至『惟聖者能之』僅
數百言，而『中庸』之文凡九見，『中』之文凡六見，
其餘他文亦皆與中庸之義相關。自『君子之道』以後數
千言皆與中庸之義不相涉；『中庸』之文僅一見。」

　　中庸是篇名，內容談到中庸的並不多，雜亂矛盾之
處多不勝數而「朱子曲為牽合」。

　　最後崔述對中庸的結論是「中庸不但非一篇也，亦
不似出於一手，其義有極精粹者，有平平無奇者，間亦

有可疑者……。」

　　其實以崔述對中庸考證之功夫如此精闢，結論似嫌草率，中庸不但是偽書而且是二流的偽書，偽書如果是一流的偽作，經過二千年的考驗，其思想脈絡又合於儒家精神，偽不偽並不那麼重要，但是禮記中庸非但是偽書又是二流偽書，其文義雜亂，有合於儒家者，有出自道家者，又有屬於墨家者（天命、天德觀）問題如此之多，學術價值實在不高。但是中庸在理學家「曲為彌縫」、「曲為牽合」一步登天與語孟並列，這不能不說是儒家的大災難。

清儒對禮記的批評之三
介紹姚際恆對中庸的質疑與批評

　　清儒對中庸的考辨原因有二，其一是明亡以後學術界對理學的全面抨擊，質疑中庸是一個大思想潮流的一個環節，一個大議題中的一個小議題；其二是乾嘉學派的考據之風興起，對中庸的考辨是學者對先秦古籍全面清理的另一環節。

　　其間除黃黎洲、陳乾初、顏習齋、戴東原、崔述等較知名的學者外，有不少學者對中庸的考證與批評皆言之成理而被學術界所忽視，其中對中庸最有系統的考辨、評論者是姚際恆。

　　姚際恆（1647-1715）字立方，一字首源，安徽休寧人，自幼喜讀書，涉獵百家，初好詩，後專注經史，姚氏著作甚豐，但多不傳，民初經顧頡剛大力介紹，才漸被世人重視，顧之古籍辨偽多有參考姚氏著作者。

　　姚氏從不同的角度分析中庸並非儒學，除了中庸思

想近佛外，姚氏又從考據義理的角度證明中庸非儒學。

一、由史料的排比分析證明中庸非儒學：

《中庸》：「在下位不獲乎上，民不可得而治矣。獲乎上有道，不信乎朋友，不獲乎上矣。信乎朋友有道，不順乎親，不信乎朋友矣。順乎親有道，反諸身不誠，不順乎親矣。誠身有道，不明乎善，不誠乎身矣。誠者天之道也，誠之者人之道也。」姚氏以爲這段話與《孟子》相同，他說：『「在下位」至「人之道也」，與《孟子》文同，惟易數字。按此若為孔子及子思之言，孟子必不抹去孔子、子思而以為己文。記孟子者，亦豈不見而以為《孟子》之文乎？《孟子》中從無與他經文相同，而此處獨同《中庸》，是必作偽《中庸》者，取《孟子》之文而增加己說也。故「誠者不勉」以下，皆從上文推演出之，然而與孟子之旨大相反矣。〈《續禮記集說》，卷八八，頁二四引〉』姚氏以爲兩書雷同的文字，是《中庸》抄自《孟子》，理由是：如果孟子引孔子、子思之言，必不會將兩人之名刪去。且《孟子》中之文句，從未與其他經書雷同，此處必是《中庸》取《孟子》之文字增入己說，所以「誠者不勉而中，不思而得」以下的文意，與《孟子》竟相反。

《中庸》：「唯天下之至誠為能盡其性，能盡其性，則能盡人之性，則能盡物之性，……」姚氏以爲「能盡

物之性」之「物」為古聖人所不道,他說:『「能盡物之性」,此句尤舛!于古大聖,為治莫堯、舜若矣,史臣言其平章百姓,黎民於變時雍,海隅蒼生萬邦黎獻,未嘗一及物也。夫於民且猶病,況物耶?堯、舜之下唯孔子,使孔子而治天下,亦堯、舜是若而已矣。又檢《論語》無一「物」字,記者但曰釣、曰弋,於廐焚,曰「不問馬」。則其於物,固已不惜戕殺之而膜外視之矣。《孟子》書始有「物」字,……〈卷八九,頁六〉』姚氏以為堯、舜、孔子旨不言「物」,至孟子始言物。所以,《中庸》「盡物之性」之觀念,恐不出自於孔子、子思。

　　《中庸》又說:「至誠之道,可以前知,國家將興,必有禎祥,國家將亡,必有妖孽,見乎蓍龜,動乎四體,禍福將至,善必先知之,不善必先知之,故至誠如神。」姚氏以為:『「前知」二字,聖人之所不道,觀子張問十世,而夫子答以因禮之損益可知,可見矣。自此云「前知」,開後世無數術學之邪學,折且啟後世人主好尚符瑞之心,必不可訓也。〈卷八九,頁一二至一三〉』姚氏認為「前知」二字為孔子所不道,所以子張問孔子:「十世可知也」孔子僅回答說:「殷因於夏禮,所損益,可知也;周因於殷禮,所損益,可知也。其或繼周者,雖百世,可知也。」〈《論語·為政篇》〉並不言「前知」,足見前知的觀念非孔子所有。

　　《中庸》：「今天下車同軌，書同文，行同倫。」姚氏認為『春秋之世，何嘗車、書一統？毋乃近於誇而誕乎！〈卷八九，頁二八〉』姚氏以爲「車同軌，書同文」，非春秋時所有。此點，論者頗多。

　　二、由義理分析證明中庸非儒學：

　　姚氏將《中庸》的思想逐段加以辨析，爲與孔門重視日用應事接的思想絕不相合。蓋孔子與學生問答，所強調的無非忠、孝、禮、仁等爲人處事的基本修養；孟子與時人之問答，也著重於出處、去就、辭受、取與的態度；子思更有「君子之道，辟如行遠，必自邇；辟如登高，必自卑」的行爲準則。可見孔門宗旨實是「卑之無甚高論」。而《中庸》中所表現的卻與此大相逕庭，所以姚氏說：『孔子出則事公卿，入則事父兄，喪事不敢不勉，不爲酒困，何有於我哉！聖人平日以此自省者，不離應事接物上見也。聖門高弟，莫過顏、曾，孔子稱顏子之好學曰：「不遷怒、不貳過」，夫遷怒，貳過，非在應事接物上見乎？曾子曰：「三省吾身」，爲人謀、與人交、受師傳，非在應事接物上見乎？試以《中庸》較之，有片言隻字之合乎？〈《續禮記集說》，卷八十六，頁三〉』姚氏以爲孔子和其他弟子顏淵、曾子論學的主題，如「不遷怒、不貳過」、「三省吾身」，皆非有高遠玄虛之論，今就《中庸》加以檢視，實無「片言

隻字」與孔門相合。

　　姚氏又說：『學者依孔、孟所教，則學聖人甚易，人人樂趨喜赴，而皆可為聖人；依偽《中庸》所教，則學聖人千難萬難，茫無畔岸，人人畏懼退縮而不敢前。自宋以後，《中庸》之書日盛，而《語》、《孟》日微，宜乎偽道學日益多，而真聖賢之徒日益少也。此古今世道升降一大關鍵，惜乎人在世中，絕不覺之，可為浩嘆。〈《續禮記集說》，卷八十六，頁三〉』

　　又《中庸》說：「喜怒哀樂之未發謂之中，發而皆中節謂之和。中也者天下之大本也，和也者天下之達道也。」姚氏又指斥以未發為「中」，仍舊與聖人之旨不合，他說：『孔子又曰：「知者過之，愚者不及也」。明釋「中」為無過、不及，今云未發謂「中」，既未發有何過、不及，斯豈「中」之義乎？不應同在《中庸》一書，而詮釋「中」字異同至于如此也。故有人解「中」字之義曰：「中非無過、不及，《中庸》已自釋之矣，乃是喜怒哀樂之未也。」以譌傳譌如此，則堯、舜以來「中」字之真面目不可復識矣！〈《續禮記集說》，卷八十六，頁一九－二〇〉』這段話以為《中庸》以「喜怒哀樂之未發」來解釋「中」，與孔子「知者過之，愚者不及」的意旨並不相合，後人遂以訛傳訛，「中」之真面目遂不可見。

《中庸》又說：「誠者天之道也，誠之者人之道也。誠者不勉而中，不思而得，從容中道，聖人也。誠之者，擇善而固執者也。」姚氏以為：『《孟子》「誠者，天之道」，屬天而言；「思誠者，人之道」，屬人而言，義理分明。今加「不勉」數句以為聖人，則誠者亦屬人言矣。以人而為天之道，義理乖舛，此作偽《中庸》語義，《孟子》從無此等語義，故曰：與《孟子》之旨大相反也。易「思誠」為「誠之」，加一「之」字以與「誠者」，則究未穩妥；「不思」字亦從「思誠」〔之〕「思」字來。此等處，世人日讀《中庸》、《孟子》之書而漫不經意者，悠悠千古，豈不可歎！〈卷八八，頁三四〉』姚氏以為《中庸》此處的文句，與《孟子·離婁》雷同，惟《中庸》把它更易數字，文義相反。他的理由是：《孟子》「誠者，天之道」，是指天來說的；「思誠者，人之道」，是指人來說的，義理非常清楚。現在，《中庸》加上「誠者不勉而中，不思而得；從容中道，聖人也。」則誠者也是指人說的，「以人而為天道，義理乖舛」。

又《中庸》：「唯天下至誠為能盡其性；能盡其性，則能盡人之性，能盡人之性，則能盡物之性，能盡物之性，則可以贊天地之化育。」姚氏以為《論語》不言「物」字，《孟子》始言「物」，且以為「盡物之性」，與聖人立言宗旨不合，他說：『帝王之治天下也，唯以人為

本，勢不能兼全乎物，故舜使益掌火，益烈山澤而焚之，驅蛇龍鳥獸之害，然後民可以居，可以食，而其物之不為民害者，則又任人制射獵網罟之屬以取資焉。於是取禽獸以為飲食，取蠶絲以為衣服，取材木以為宮室。人之不能無飲食、衣服、宮室也，則自不能全物之命也。夫物之命且不能全，而況曰物之性乎？禽獸以飛走為性者，草木以發生為性者也，既殺戮之，戕賊之，而性於何有？夫物之性且不有，而況且盡化乎？〈卷八九，頁六引〉』姚氏深入剖析中庸物與性之解釋與孔孟不同之處。

　　在清儒反理學，探索儒家真面目的浪潮之中，姚際恆的努力與成就可與陳乾初、崔述並列，而姚際恆對中庸的考證，尤其是中庸思想與先秦儒家的比對，與佛學的關係，其深入細膩的程度都超過陳乾初與崔述，研究古籍的真偽除了史料的蒐證、排比之外對於思想脈絡的分析是一個重要的方法，陳乾初的大學辨發揮得極透徹，但是陳卻沒有用同樣的方法研究中庸。

　　近代學者如林慶彰、龔鵬程對姚的中庸研究頗多質疑，但是在當時理學勢力依然龐大，中庸至今仍是座大菩薩的情況下，姚對理學的質疑，對中庸的攻擊，勇氣之大，力道之猛，其膽量、其魄力、其洞察力都是無出其右者，而且姚分析中庸與孔孟矛盾重點，林、龔都提

不出合理解釋。

　　記得年青時喜歡國劇有一次跟一位老師級的老生談到他的兩位愛徒，甲徒嗓子好、聰明、悟性高；乙徒資質平凡。但是老師對乙徒甚為鍾愛，且認為乙徒將來必有成就；而認為甲徒「小時了了，大未必佳。」我問原因，老師曰：「因為 XXX 沒種，沒種只會跟著唱，跟著唱唱不出感情，唱不出自己的風格……。」我當時聽了大吃一驚，老師用「沒種」這兩字更令我印象深刻，多年來經常仔細啄磨這兩個字。

　　做學問何嘗不是如此？多少飽學之士，皓首窮經而一無所成，原因無他，不敢懷疑也。不敢懷疑，學問從何而來？而懷疑須要膽量，須要更深入的思索，懷疑是痛苦的事，但是不懷疑就沒有學問。

　　戴東原十歲的時候跟老師學大學章句，讀到「右經一章」以下，戴問「此何以知為孔子之言而曾子述之，又何以知其為曾子之意而門人記之也」老師回答：「此先儒朱子所注云爾。」又問；「朱子何時人也？」曰：「南宋。」又問：「孔子、曾子何時人也？」曰：「東周。」戴曰：「東周去宋何時矣？」曰：「幾兩千年矣。」「然朱子何以知其然？」老師無法回答戴的問題，一個十歲孩子會提出老師從來不敢懷疑的問題，難怪戴東原後來在學術上的成就超過老師很多。

　　其實禮記除了年代問題以外，司馬遷、程朱對中庸系曾子傳子思「孔門心法」的說法也太不合情理，完全違背孔子「有教無類」的平民教育家的性格，孔子教育子弟因人施教，諄諄善誘，其學問的核心是生活的、倫理的、道德的，孔子一生不喜談玄論道，更不會藏私，把獨門絕技只傳曾子不傳其他學生。？而中庸的許多詞彙是論語中從來沒用過的，或相同詞彙其定義與孔子截然不同者，禮記中庸大學是偽書，絕不合孔子思想是顯而易見的事。但是中庸在今天依然是尊大菩薩，何也？原因很多，原因之一是程朱是理學的開山大師，讀書人懷疑、反對開山大師的理論，是要有膽量、要撥雲見月、從根刨起，是很費氣力的。

　　姚氏的中庸研究除了很多傳統的史學方法外，姚氏也用了很多邏輯學、修辭學、語意學的概念，如姚氏對中庸「前知」的批評，對「誠」、「誠之」的分析，對「未發」兩字字義的深入探索，在在都運用了邏輯學、修辭學、語意學的方法逐字深究，這種嚴肅的深入治學態度不是在「精」、「微」處下功夫嗎？「精」者深入，「微」者細小，從深入問題核心，不放過任何細微末節處下功夫不是符合科學精神的治學方法嗎？而中庸第二十七章「致廣大而盡精微，極高明而道中庸」，歷來無數學者解讀此句，然而用語意學的標準來看，此句最不

可解「精微」何意？「盡精微」又是何意？從語意學來看都是無所指不成立的非真實句。宋明理學家「盡精徵」與「格物」的結果有什麼成績可以交卷？「盡精徵」「格物」了幾百年不說科學，在政治學、法學我們也交了白卷，而政治、法律不是實踐「經世致用」的具體學問嗎？

姚氏有一流的科學頭腦，點出中庸的虛無，但是姚氏不敢用同樣的方法從「精微」處批評孔、孟，反處處以孔孟爲檢驗真理的唯一標準，令人嘆息。

但是姚氏畢竟是三百多年前的學者，當時有此膽量，有此成就，已經是非常驚人的。反觀今天，還有不少學者把中庸視爲聖經，認爲中庸之道爲中國文化之精髓，中國人讀書之不求精微由此可證。

試以陳乾初的治學方法
釋中庸第十八章

中庸第十八章內容如下：

子曰：「無憂者，其惟文王乎？以王季為父，以武王為子。父作之，子述之。武王纘大王、王季、文王之緒，壹戎衣而有天下。身不失天下顯名，尊為天子，富有四海之內，宗廟饗之，子孫保之。」

「武王末受命，周公成文武之德。追王大王、王䋆，上祀先公以天子之禮、斯禮也，達乎諸侯大夫，及士、庶人。父為大夫，子為士；葬以大夫，祭以士。父為士，子為大夫；葬以士，祭以大夫。三年之喪，達乎天子。父母之喪，無貴賤一也。」

我試以陳乾初的治學方法來翻譯解釋這一章，陳乾初以前的學者包括二程、朱子等對大學中庸等典籍，因為從不疑其非儒家經典，所以遇有與語、孟義理不合之處就牽強地曲解，乾初不同，遇有可疑處或存而不論者

達四十年或窮究根源，沒有結論絕不罷休，所以陳乾初
用多種方法，多種角度來剖析經典，如乾初之「大學辨」
用了文字、音韻、訓詁、義理等方法證明大學之非儒家
正宗。綜觀乾初之治學方法可分考證，與思想脈絡之比
對兩大原則，這兩大原則到了清末之崔述有了更進一步
之發展。

　　如以乾初之治經態度試釋中庸第十八章，可疑、可
議者如下：

　　子曰：「無憂者……尊為天子，富有四海之內，宗
廟饗之，子孫保之。」

　　疑問一：這段文字與孔子在論語中談到堯舜的評論
截然不同。

　　孔子在論語中有關堯舜的記載如下：

　　1.子曰：「巍巍乎，舜禹之有天下也，而不與焉。」
（泰伯）

　　2.子曰：「大哉堯之為君也。巍巍乎唯天為大，唯
堯則之。蕩蕩乎民無能名焉。巍乎其成功也，煥乎其有
文章。」（同上）

　　3.舜有臣五人而天下治。孔子曰：「才難，不其然
乎，唐虞之際，於斯為盛，有婦人焉，九人而已。三分
天下有其二，以服事殷，周之德，其可謂至德也已矣。」
（同上）

4.子曰：「禹，吾無間然矣。菲飲食，而致孝乎鬼神。惡衣服，而致美乎黻冕。卑宮室，而盡力乎溝洫。禹，吾無間然。」（同上）

5.子曰：「無為而治者，其舜也與！夫何為哉，恭己正南面而已矣。」（衛靈公）

從以上的記載，我們整合孔子對堯舜的看法：

1.堯舜都是天下為公的領袖。

2.堯舜都是很儉樸的人，「菲飲食」、「惡衣服」、「卑宮室」。

3.會用人，無為而治。

從論語孔子對堯舜的讚美，可見孔子認為堯舜偉大之處在他們愛民、德政與儉樸。這種思想，這種標準，我們在尚書當中也可以找到類似的敘述。

堯曰：「咨爾舜，天之歷數在爾躬。允執其中。四海困窮，天祿永終。舜亦以命禹。」

堯曰：「予小子履，敢昭告於皇皇后帝，有罪不攻赦。帝臣不蔽，簡在帝心。朕躬有罪，無欲萬方。萬方有罪，罪在朕躬。」

但是我們看中庸第十八章孔子讚美堯舜「尊為天子，富有四海之內，宗廟饗之，子孫保之。」尊為天子，富有四海豈是聖人的標準，這與一般凡夫俗子追求功名利祿何異？孔子豈會以這種標準來讚美堯舜，這種標準

豈不與論語的標準大不相同。

疑問二：**無憂者豈為文王乎……。**

以孟子的標準，堯舜之愛與文王之怒（文王一怒而安天下）是同一標準，聖王之喜怒哀樂完全以百姓的幸福為標準，文王「無憂」的理由居然是因為「**以王季為父，以武王為子，父作之，子述之……而有天下。**」在傳統儒家尊崇禪讓政治的氣氛之中，文王無憂的　理由未免太小氣了吧！

疑問三：「**武王未受命，周公成文武之德，追王大王，王季，上祀先公以天子之禮，斯禮也……**」

此段先談文王之後，文王憂的理由不合孔子的思路已很明顯，話鋒一轉又談到天子之禮，大夫之禮，從大夫之禮扯到庶民三年之喪。

此章從文王之無憂談到天子的喪禮又扯到平民百姓的三年之喪，一段文字有三個主題，文王之無憂的理由與論語子曰：「**巍巍乎，舜禹之有天下也，而不與焉。**」（論語泰伯第八）此語與孔孟的想法完全不同，此處之與作豫講，是快樂的意思，孔孟等先秦儒家對帝王的期許是救黎民於水火；是讓百姓登於衽席之上；是讓百姓免於災難，過著幸福的生活；是有德有能的人作領袖，有公僕、服務的概念，所以孔子說舜禹之有天下並不快樂，而中庸十八章的說法絕非孔子心目中聖王的標準。

至於後段扯出之天子之喪、庶民之喪與文王之無憂又毫
無關聯。把一些無關的事扯在一起，在中庸很常見。

　　此章文字非但不合儒家標準，而且以文章而言、以
修辭而言、以語意而言都顯得支離破碎。

　　這種文章怎能被稱作「孔門心法」。

第 三 篇

胡適對中庸的看法

　　胡適在中國哲學史大綱對中庸的看法要點如下：

　　一、胡適把中庸歸類於荀子以前的儒家，所以胡適認為中庸是春秋末年荀子以前的作品。

　　二、胡適認為中庸是荀子以前的作品另一原因是「……似乎孟子、荀子之前總該有幾部這樣的書，才可以使學說變遷有線索可尋。不然極端倫常主義的儒家，何以忽然發生一個尊崇個人的孟子？那重君權的儒家，何以忽然生出一個鼓吹民權的孟子？……若大學、中庸這兩部書是孟子、荀子以前的書，這些疑問都容易解決了。」

　　胡適認為大學和中庸的重點有三：

　　一、方法：胡適認為早期儒家只提出目標不講究方法，而大學、中庸不但談目標，同時也談方法，大學的

方法是：誠、正、修、齊、治、平。中庸的方法是「天命謂之性，率性之謂道，修道之謂教。誠者，天之道也，誠之者，人之道也，自誠明謂之性，自明誠謂之教。又說『誠之』之道『博學之，審問之，慎思之，明辨之，篤行之。』」

二、個人之注重：胡適在本節中除引用中庸、修身，誠，道，更引述孝經，孝可「配天」與「天地參」的觀念，認爲大學中庸的特點之一是「個人之注意」。

三、心理的研究胡適把大學中庸中的「誠其意」、「慎獨」、「喜、怒、哀、樂未發謂之中，發而中節謂之和」等觀念解釋成「心裡的研究」。

我再三揣摩胡適對大學中庸的認知，我覺得以胡適的邏輯訓練，我不知胡適如何說服自己？

一、禮記不是荀子以前的作品，禮記中有「書同文車同軌」句，可見禮記是秦以後的作品，目前已成定論，胡適那個時代，相信中庸是戰國作品的人多，胡適有此誤不足爲病。

二、胡適以思想脈絡、思想演變作爲證據則大謬矣！胡適說說孔子是「極端倫常的儒家」，何以忽然發生一個尊崇個人的「孟子」，孔子的倫常與孟子的倫常相比相距並不遙遠，思想脈絡有跡可尋，但是孔子的倫常與漢儒的三綱五常相比不是更遙遠嗎？而中庸的倫常不是

比漢儒更近似嗎？把中庸視爲孔孟子之間的過度是完全不通的。「若大學中庸這兩部書是荀子以前的書，那麼這些問題都解決了。」我要反問，大學、中庸的語法、邏輯，對天、對道、對性的解釋非但與務實的孔子不同，與雄辯的孟子也不同，而與老子如此接近，日本許多學者，包括中國錢穆咸認爲中庸成書最晚，可能在莊子之後。一部比莊子還晚的書怎麼會影響到孟子呢？孔子那麼多修身的主張，生活、生命的經驗智慧，難道只談倫常不談「我」，孔子的相對君臣觀如「君不君君哉！君哉！」難道沒有「民權」的因子嗎？

　至於胡適認爲大學中庸提出方法論，更令人不解，大學中庸提出的只是一套玄學架構，與「方法無關」方法論在中國文化裡一直處在萌芽階段、方法也者，統計也，邏輯也，計量學也，數學也，在中國方法論一直停頓在初級階段，大學、中庸提出的是一套玄學架構，所謂誠、正、修、齊、治、平之道與方法論毫無關係，而誠、正、修、齊、治、平之間沒有必然的邏輯的關係，以修身論，誠心、正義就可以修身了嗎？不然，修身要通過教育，教育又分學校教育、家庭教育、社會教育，修身一項即難如登天，如何修身是要講究方法的，所謂修身方法、教育學、心理學，皆與修身有關，只顧誠心、正意，充其量修成個書呆子，修身的方法，大學、中庸

一字未提，如果修身成功，是否能齊家？不知也！否則
爲什麼「堯之子不肖」、「舜之子亦不肖」，聖人尚且
不能「齊家」，如何要求一般百姓齊家。齊家有齊家的
方法，齊家非易事也！齊家的方法大學中庸其實一字未
提。齊家之後就能治國平天下了嗎？未知也！因爲治國
跟治家是兩回事。

　　所以胡適認爲大學中庸提出了實踐的方法，胡先生
完全錯了！

　　胡適又認爲中庸跟早期儒家之第二個不同是「個人
的注重」，胡適不用當時流行的個人主義，可能自己也
覺得太勉強，但是胡適認爲中庸比早期儒家更注重個人
的理由還是太勉強，胡適說認爲中庸強調修身，便是注
意個人的證據，此說完全不通，早期儒家、孔孟無不注
意個人，只是用不同的詞彙談「修身」，說中庸注意個
人，此說欠缺明確的證據。事實上「個人」在大學、中
庸更龐大、更抽象的玄學系統中顯得更渺小。

　　胡適還認爲大學、中庸的另一特點是「心理的研
究」，理由是大學、中庸論述中的「誠」、「正其心」、
「愼獨」等觀念是進入了心理研究的層次，胡適用「心
理研究」，而不用「心理學」或「早期心理學」，可能
同樣覺得理不足服人。「早期心理學」或稱哲學範圍的
心理學在西方起源甚早，在兩千多年前的希臘哲人，無

不將心靈、心態、靈魂，作爲研究課題，但當時的心理學，一直困在哲學的藩籬之內而無甚進展，心理學脫離哲學，進入科學的領域是一八七九年德國學者馮德用科學方法做大規模實驗以後的事。心理學出現到今天只有壹佰多年的歷史，大學、中庸的內容完全沒有一丁點心理學的影子，大學、中庸對人性的研究也絕不比孔孟高明，只不過大學、中庸用道家的思維、玄學的語言、披了儒家的外衣罷了。胡適認爲大學、中庸已涉及「心理研究」，足證胡適對心理學缺乏正確概念。

以胡適之博學在西方學到的方法訓練竟對大學、中庸有如此大的誤解，已足令人驚訝，但一直到今天沒有人對胡適的看法提出質疑，不更是一件不可思議的事嗎？

論錢穆中庸新義與中庸新義新解

　　錢穆無疑是二十世紀最偉大的國學大師之一，錢穆學問根基深厚、扎實，錢穆學術有成除了苦讀、博學之外，錢穆的治學方法也頗科學，錢穆重視傳統校勘、排比、訓詁等傳統治學方法外，尤其古籍真偽、古籍出土時序排列、思想脈絡之追索以及邏輯判斷都有獨到之處。錢穆除了運用很多科學方法之外，錢穆更博覽古籍對資料之蒐集堪稱巨細靡遺，如諸子繫年內容之豐富，如中國近三百年學術史介紹已被國人遺忘的大師級學者陳乾初等，都可證明錢穆的功力。

　　錢穆的功力表現在史學、考證方面確屬一流，但是在經學詮釋、儒家發揚部份卻成績平平，何以致此，我認為錢穆對治史、治經用的是兩套完全不同的治學方法，治學方法不同，成就自然各異。錢穆在治經學時，史學常用的方法、校勘、考據、思想脈絡之追索、邏輯判斷等全都擱置不用，只用演繹法。

　　茲以中庸新義誠明篇中錢穆說「天人合一之說，中

國古人雖未明白暢言之，然可謂在古人心中，早已有此義蘊涵蓄，下逮孔孟，始深闡此義。道家老莊，則改從另一方面對此義闡發，大較言之，孔孟乃從人文發揮天人合一，而老莊則改從自然界發揮，更不逮易傳中庸，又匯通老莊孔孟，進一步深闡此天人合一之義蘊。」

　　錢的說法有很多問題待商榷。

　　一、早期中國人對天的觀念與其他各古老民族並無不同，天是有意志的，天是懲惡揚善的，不同的是在西方發展出宗教文明，在中國沒有，至於孔子對「天」、「天道」的觀念已與中國先民大不相同，三代以前認為天會「敬德保民」、「以德配民」（周公）「皇天無親惟德是輔」（左傳僖公五年），天是崇德的同時天也會懲惡，「湯誓有夏多罪，天命殛之」（尚書）。

　　到了孔子，對「天」漸漸蛻去了迷信的成份，孔子認為天是一種自然運行，與善惡無關，既不懲惡，也不獎善，孔子說：

　　「天之將喪斯文也，後死者不得與斯文也；天之未喪斯文也，匡人其如予何。」

　　「天何言哉，四時行焉，百物生焉，天何言哉。」

　　「子不語怪力亂神」

　　「敬鬼神而遠之」

　　孟子對天的看法基本是繼承孔子、孟子曰

「順天命，盡人事」

「存其心，善其性，所以事天也，修身以俟，所以立命也」

孔孟心中的天是自然而然的天，是義理的天，「天人合一」是董仲舒的主張，絕非孔孟的想法，錢穆認為早期儒家就有天人合一的想法是錯的，至後來錢文又說：「……更下逮易傳中庸，又匯通老莊孔孟，進一步深闡此天下合一之義蘊」更不是事實。

查從三代的天命德觀到孔孟對天的認識，從文明的進程來看不能不說是一種進步，以錢穆自己的考據莊子早過老子，莊老可能皆晚於孟子，則「匯通老莊孔孟」便不通，事實上據出書先後的順序，據清儒崔述的研究「中庸之文采之孟子，家語之文采之中庸……。」（崔述考信錄卷之三）錢穆顯然忽略了時間跟誰影響了誰。

從有神的天進步到無神的天非但是一種進步，而且要有相當的膽量，古代科學尚未萌芽，人對自然、對生命，既有許多疑問，更有許多恐懼，孔子不信天有意志在思想上是一種突破，這一點突破影響了荀子，荀子更清楚而勇敢地說：「天道有常不為堯存不為桀亡。」荀子的觀念又影響了道家、法家，其影響大而受學者忽視。

錢穆把孔孟對天的觀念與易庸、老莊混為一談是一個絕大的錯誤。

　　錢穆解釋「天人合一主要有兩義，一曰誠明，二曰中與和。」錢穆對這兩個問題的發揮幾乎全部採自中庸及朱熹注疏，完全沒有自己的想法，錢有如下的文字：

　　當合天體乃真實有此天體，群星真實有此群星，太陽真實有此太陽，地球真實有此地球。凡此皆真實不妄。循此以往，風雲雨露。山海水陸，亦真實有此山海水陸。魚類鳥獸，真實有此魚類鳥獸。人類男女生死，亦真實有此人類男女生死。更循以往，喜怒哀樂，亦真實有此喜怒哀樂。饑寒溫飽，亦真實有此饑寒溫飽。凡此皆各各真實，不虛不妄。中國古人則認此為天道。故曰：誠者，天之道也。

　　對於錢的理論，我有如下疑問：

　　一、以錢對考據之功力為何會相信晚出的中庸會影響先秦儒的思想。

　　二、以錢穆訓詁之功力為何不追究中庸之思想與孔孟有絕不相合者。

　　三、以錢的科學知識分不清「天道」與「人道」之關係，而妄信「不誠無物」之玄談。

　　以近世而言希特勒、史達林、毛澤東皆為混世魔王，殺人無數，其統治下的人口以十多億計，在其統治之下毫無「誠」字可言，也絕不合天道，結果呢？無物了嗎？

　　人世間誠與不誠，與自然運行萬物生息毫無關係。

不管人誠或不誠，天道依然，依然是花自飄零水自流。

再說天人合一，人真是自然產物，但是「天人絕不合一」，人進化有了智慧，發現用火，發明工具產生文明，文明者違天命之巫也，自然規律是優勝劣敗，人的倫理父慈子孝家庭社會組織等都是反優勝劣敗的，反淘汰的，結果文明被破壞了許多自然機制，產生了地球不能負擔的人口，過多的人口又極盡可能地破壞自然。

當然這種理論求諸古人有些過苛，可是錢穆不是也用了一大堆現代科學知識來解釋「天人合一」嗎？

錢穆又解釋「自誠明，謂之性，自誠明謂之教，誠則明矣，明則誠矣。」錢穆解釋這句話：

宇宙間一切萬物，一切事象，苟有其真實無妄之存在，將必然有所表現，而與世以共見，此即物之性。人苟實見其有所表現，真知其有所存在，而誠有以識其為真實而無妄，則此天道之誠之真實而無妄者，乃在人道之明知中再度真實表現而存在，此即人之教。凡一切物，一切事象，既各有其存在與表現，即各有其天然本具之性。一切物，一切事象，既各有其真無妄之性，即有此真實無妄之存在與表現，此屬天之事。人心之知，則在明知明見此物之存在與表現之真實而無妄，而明知明見了此物此事象之存在與表現所內涵之意義與價值。此屬人之事。人則當奉此為教的。故人之所以奉之以為教者，

其主要乃在一切物一切事象所本具之真實無妄之天性。

　　錢的說法不但全部來自程朱的玄談，而且完全背離孔子學而知之的精神，照儒家的傳統，禮要學六藝要學，人間事物都要經過學習瞭解，以孔子之博學尚自嘆「吾不如老農」、「十五有志於學」、「學不厭教不倦」、「入大廟每問世」。「自誠明」、「率性」者道家思想也，至少荀子以前的儒家絕無此類想法。無論學問品德都要經過學而知之，都要經過學而時習之，都要每日三醒吾身，儒家沒有不學自通的說法。

　　又「誠者天下之道也，誠之者，人之道也……誠之者，擇善而固執之者也。」此句「擇善而固執之者也」也與前句無關。這類文法不通之處在中庸頗多，但學者多爲之「牽合」爲之「彌縫」。

　　中國古文法一個句子有一個句子的語意，其爲敘述者，如子曰「吾少也賤，故多能卑事。」有追求，期勉者如「吾日三省吾身」。有疑問者如：「人而不仁如禮何？人而不仁如樂何？」如用現代文法的概念，語意句法的型式更多，而語孟等古籍所用的語句多合乎文法，甚至老莊的語法不同於儒家古籍，但其文法亦自成體系，矛盾之處不多，唯中庸句法雜亂，有一句幾個主詞者，有前言不對後語者，有天馬行空不知所云者。錢穆在中庸新義中對這些問題一概沒有提出，沒有提出的原

因是錢穆認定中庸一書完全合乎儒家思想。

　　我們再看錢對中庸新義的結論，錢說：「照中國人傳統意見，從來言中庸者，率以人事為主。非天道，人事亦無由定。故本篇言中庸，轉以天道為主而名曰新義焉。實非新義，乃發揮人事之另一端。」

　　中庸新義對中庸「唯天下至誠能盡其性，能盡其性，則能盡人之性，能盡人之性，則能盡物之性，能盡物之性，則可參天化育，可以參天化育，則可與天天參矣。」錢的解釋只不過把原文用白話再說一遍，完全沒有自己的看法。

　　又中庸屢言之性也，命也，天也，誠也，皆非儒家語彙，皆非孔孟思想，而突然又蹦出來一句合於儒家的「博學之，審問之，慎思之，明辨之，篤行之……。」此與中庸「自誠明」、「率性」、「盡性」等有絕大矛盾處，錢對此竟無一語之評論。

　　又中庸：「君子尊德性而道問學，致廣大而盡精微，極高明而道中庸，溫故而知新，敦厚以崇禮。」

　　此句中「致廣大而盡精微」、「極高明而道中庸」此兩句最不可解，歷來皆任由學者胡亂解釋。我們看錢穆的解釋「何以曰致廣大而盡精微？在宇宙一切存在與表現之中有人，在人之存在與表現之中有我，在我之存在與表現之內涵深處有此天所賦與之真實無妄之性。此

在宇宙間，可謂極小之一曲，至精而微，宜若無足道。然此極小之一曲之至精而微，亦宇宙全體大誠之一分，亦宇宙全體大誠之所存而表現之一態。故我德性之精微，即宇宙全體大誠之廣大之所寓。故盡性可以贊天地之化育，故曰致廣大而盡精微也。」這種說法是犯了「曲為牽合」的毛病，這種觀念既違科學原則，又不合哲學規格。再看錢如何解釋「極高明而道中庸」，錢說「何以曰極高明而道中庸？宇宙全體大誠，此可謂之高明矣。而愚夫愚婦之德性中，亦寓有此全體大誠之一分焉。愚夫愚婦之德性之所能與知與能，此所謂中庸也。而由乎此中庸，可以達於至高明之境，故曰極高明而道中庸也。」這種說法，這種境界恐怕只有創造世界萬物的上帝才能瞭解才辦得到。

　　錢穆的解釋實在不知所云。

　　其實「廣大而盡精微，極高明而道中庸」句與前句「君子尊德性而道問學」無關與後句「溫故而知新」無關，與「敦厚以崇禮」更無關，三件無關的問題更扯在一起，中庸之水準由此可判。

　　中庸是偽古書，打著儒家的招牌，賣的是大雜燴，其影響正如孔子所痛恨的「惡紫之奪朱也，惡鄭聲之亂雅樂也。」

　　錢穆中庸新義對中庸的解釋一點都不「新」，錢的

解釋只不過把原文用白話再說一遍，完全沒有自己的看法。

　　又中庸屢言之的性也、命也、誠也，皆非儒家語彙，皆非孔孟思想，而突然又蹦出來一句合於儒家的「博學之，審問之，慎思之，明辨之，篤行之……。」此與中庸「自誠明」、「率性」、「盡性」等有絕大的矛盾處，錢對此竟無一語之評論。

　　我們再看錢對中庸新義的結論，錢說：「照中國人傳統意見，從來言中庸者，率以人事為主。然人事必本於天道。非天道，人事亦無由定。故本篇言中庸，轉以天道為主而名曰新義焉。實非新義，乃發揮人事之另一端也。」

　　錢穆又說：「若論中庸原書本義，自謂新義本文，已復語繁不殺，不待畫蛇添足。若謂其借用莊子義說中庸，則中庸本書，據鄙見窺測，本是匯通莊書而立說。」

　　錢穆的結論有二：

　　其一、「照中國人傳統意見，從來言中庸者，率以人事為主……而非天道……乃發揮人事之另一端也！」錢的說法非常怪異，孔子罕言命、利與仁」也不常談天道，學者談天、性、命是從中庸開始的，錢穆說「從來言中庸者，率以人事為主……而非天道」這並不是事實，錢又說「實非新義，乃發揮人事之另一端也！」也就是

說天人並重，是錢穆的新義，而禮記中庸之天人合一思想，宋、明理學已將之發揮到了極致，怎能說是錢穆的「新義」呢？

其二、錢穆認為中庸思想「本是匯通莊書而立說」，問題的關鍵有二：一是「匯通」還是「混雜」，兩者說法大異，一是豐富儒學，一是搞亂了儒學。混了莊老思想以後的儒學是進步了呢？還是倒退了呢？

錢穆的說法顯然認為混了莊老釋以後的儒學是一種進步。但是這種說法姑不論中庸本身理論的矛盾，且如何解釋中庸與孔孟思想的矛盾，如孔子主張「學而時習之」、「入大廟每事問」與中庸「自誠明」不學而知的歧異呢？如果不能解釋或不加解釋，錢穆對中庸的解釋豈能服人？

評勞思光先生對中庸的看法

　　勞思光先生，近代知名學者，湖南長沙人，北大肄業，台大哲學系畢業，為近代知名學者，香港中文大學榮譽退休教授，美國普林斯頓大學訪問教授，台灣清華大學客座教授，著作甚豐，如中國哲學史四冊、康德知識論要義、歷史之懲罰、中國文化要義、思想方法五講等。

　　勞先生對中國思想史、經學、邏輯學皆有深入研究，勞先生因為有西方邏輯基礎，所以思想縝密、理論周延，筆者年青時對勞先生甚為敬佩。近年為探討中庸問題，特別選定勞思光先生為一研究對象，蓋因勞先生學貫中西，與一般老夫子大不相同也。

　　勞先生對中庸的研究除中國哲學史外，更有「大學中庸譯註新編」乙書，香港中文大學出版。其中對中庸出書的時間有所考證，對中庸乙書「內容思想」亦有簡要之論述，文雖不長卻頗能代表勞先生對中庸思想的觀點。

有關考據部分摘錄重點如下：

〈漢書‧藝文志‧諸子略〉在儒家中又載有〈子思子〉二十三篇；也未說明這是否即〈中庸〉。〈孔叢子‧居衛〉篇中有關於子思作〈中庸〉的說法：「子思年十六，適宋；宋大夫樂朔與之言學焉。……樂朔不悅而退，曰：『孺子辱吾』其徒曰：『魯雖以宋為舊，然是有讎焉，請攻之。』遂圍子思。宋君聞之，不待駕而救子思。子思既免，曰：『文王求於□里作〈周易〉；祖君屈於陳蔡作〈春秋〉。吾困於宋，可無作乎？』於是撰〈中庸之書四十九篇。〉

這裡的記載甚為詳明，但〈孔叢子〉原是僞書，不足為信。而所記〈中庸〉是有「四十九篇」；與今本三十三篇不合；與〈漢書‧藝文志〉所載的〈中庸說〉二篇也不合。

孔穎達在〈禮記正義〉裡〈中庸〉篇題下，引鄭玄目錄云：「孔子之孫子思伋作之，以昭明聖祖之德。」

這自然是孔氏承漢人之說。孔穎達不辨真僞，對今古文〈尚書〉且不能察別其可靠性問題；則他不能察及〈中庸〉之時代問題，也不足怪。這也不能用來證〈中庸〉為子思所作。

崔述在〈洙泗考信錄〉的「餘錄」中，考及〈中庸〉，以為〈中庸〉必非子思所作；他所提出的理由有三點，

即所謂「三可疑」；現在引原文如下：

「世傳戴記〈中庸〉篇為子思所作。余按孔子孟子之言，皆平實切於日用；無高深廣遠之言。〈中庸〉獨探賾索隱，欲及微妙之至，與孔孟之言皆不類。其可疑一也。

「〈論語〉之文簡而明，〈孟子〉之文曲而盡；〈論語〉者，有子曾子門人所記，正與子思同時；何以〈中庸〉之文獨繁而晦？……其可疑二也。

「在下位以下十六句，見於〈孟子〉，其文小異。說者謂子思傳於孟子者。然孔子子思之名言多矣。孟子何以獨述此語？〈孟子〉述孔子之言，接稱『孔子曰』，又不當掠之為己語也。其可疑三也。」

崔述之理由，第一是思想問題；這不足為據。但第二點說文體問題，便頗可注意。尤其第三點重要。〈中庸〉第二十章中「在下位不獲乎上」一段，與〈孟子·離婁篇〉所載，只有幾個詞語不同。若說這是子思或孔子之言，則孟子必當稱「孔子曰」或「子思曰」；因為孟子引用孔子及別人的話，例稱其人；這裡既未稱孔子或子思，顯然此語為孟子自己所說；如此則〈中庸〉之與應是襲孟子者；而〈中庸〉不能為子思所作，亦不能在孟子之前，即甚為明顯。

所以崔述下斷語說：「由是言之，中庸必非子思所

作。」

　　崔述自己是個無哲學思考力的人，所以總以為一切
講哲學問題的話都是與孔孟思想不合的。這自是一大錯
誤。〈中庸〉思想大體上仍與儒家思想相合；不過形上
學及心性論成分均較多，應晚於〈孟子〉。崔氏在這一
方面的看法，尚欠精確；我們只取他涉及考證的論證。

　　「大致說，〈中庸〉中部分標明「子曰」者，可能
是流傳甚早的材料，大體是追記孔子之言；其中頗有與
〈論語〉所記相同的。至於論「誠」、論「聖」之說，
則必為儒家後學之理論；首章所載，亦是後學之論著。
合起來成為一篇〈中庸〉，應是漢初之事。

　　至於〈子思子〉一書與〈中庸〉的關係雖不可考，
但〈子思子〉若為傳子思思想之書，則應紀子思之言。
今〈中庸〉中所紀皆孔子之言，另外就是論說。論說體
晚於紀言體；〈孟子〉尚是紀言體，〈子思子〉不應為
論說體。所以〈中庸〉中的論說部分，不會是〈子思子〉
的原文；紀言部分也並未紀子思之言。我們找不出證據
來證明〈中庸〉即〈子思子〉。

　　又〈中庸〉引用孔子之言，皆稱「子曰」；但第二
章確有一處是「仲尼曰」；顯然來源不同。

　　總之，〈中庸〉一書成分甚雜；其論說與紀言部分
可能各有來源。其中最晚出的必在秦之後。至於作者，

則自然不能是子思。我們取謹慎態度，只能說〈中庸〉是漢初儒生編成的所用資料則非常複雜，現在已經無法考知其詳了。也不必勉強指定是誰。

至於〈中庸〉被看做專著，則似較〈大學〉為早。〈隋書・經籍志〉已載有梁武帝所著的〈中庸講疏〉，列於經部，則在六朝時已有人對〈中庸〉作單獨的研究，而不僅僅將它看做〈禮記〉的一篇了。」

勞思光對中庸乙書晚出之考據大致不差，但是勞先生對崔述的批評「理由是第一是思想問題，這不足為據，但第二點說文體問題，便頗可注意……。」勞先生對思想問題不足為據的說法顯然是錯的。從思想史的角度來看，思想有一定的脈絡可循。如中國人對「天」、「天命」、「天德」的觀念，商、周不盡相同，到了孔子是一變，到了荀子又是一變，到了老莊又變化更大，在周以前中國不可能出現荀子「天到有常，不為堯存，不為桀亡」的想法，也不會出現老子「天地不仁以萬物為芻狗」的想法，同時說崔述是一個沒有哲學思考力的人也有欠公允，查崔述考信錄，有關哲學思維的文章不少，崔述並不是一個沒有哲學思考的人。

有關「內容思想」重點節錄如下：

〈中庸〉的內容，原是要說明價值哲學與形上學兩面的原則。因此，初步看來，〈中庸〉的主題有兩項：

第一、在價值哲學一面提出「中」（至正不偏）與「庸」（恆常不易）；第二、在形上學一面提出「誠者物之終始」之說。

可是，進一步看，〈中庸〉主旨在於將形上學問題與價值問題統一起來，所以先有「性、道、教」三個觀念，將形上意義的「天命」與文化價值哲學意義的「修道」連爲一體。而中間通過的關鍵，則是「率性」之說。

「率性」一方面是價值之根源；一方面是存在的規律。於是「誠」作爲「率性的代用語看，形上問題遂與價值問題統一」。

就價值問題一面看，「爲天下至誠爲能盡其性」；通過「盡性」而建立「與天地參」的文化觀念；這裡隱含有一個規模極大的價值哲學系統。就形上問題一面看，則有「不誠無物」與「至誠無息」之說。這裡含有一個以「發展」或「實現」爲中心觀念的形上學系統。

補充這些觀念的，有「誠」與「明」的觀念，分別指本體與功夫；這當然是屬於價值哲學一面的。形上學方面則有「天地之道」之說，以指「存在」的最高規律。

但「無息」又與「不以」之義相通；而天地之道也收攝在聖哲之境界中（所謂「配天」、「配地」即是）；仍顯現存在與價值的統一。

最後引「天上之載，無聲無臭」來讚聖德，方是「聖」

與「天」合一。仍是一貫的理論立場。

以上是〈中庸〉一書中的純哲學成分。

此外，論爲政，論祭祀禮制，都可以看做政治哲學的理論。論知、仁、勇三得及提出「以人治人」之說，也含有教育哲學的原則；都是價值哲學之應用。姚際恆說法可行不可行，可解不可解。

至於論進德功夫，則大抵以「慎獨」爲主；輔之以「自強」的觀念、而這些理論也都繫屬在價值哲學理論下面。

〈中庸〉的理論一部份承自〈大學〉；最顯著的事「慎獨」明德，其次是「君子篤恭而天下平」之說。講「和內外之道」仍與大學的路向相近。不過由「誠」來講「成己」與「成物」，標出「盡性」一重要觀念，已較〈大學〉的「先後」之論，成熟多多。

〈中庸〉要想建立一個統攝價值哲學與形上學的大系統；大體上確有及明顯的成就。不過，由於雜有漢儒思想，所以處處透露出講天人關係的傾向；這表明「宇宙論中心的哲學」仍是〈中庸〉思想的底子。這已經對〈中庸〉的系統生出一種限制了。

至於論「前知」一節，頗有 緯之說的氣息；論「鬼神」「祭祀」等節，也是漢代習禮者的口吻。這都可以表明〈中庸〉確實混有漢儒思想。

但儘管如此，〈中庸〉還是較早提出「合內外之道」的價值哲學之典籍。不論有多少駁雜成分，其論本性實現之說，仍應看做上承孟子正統的。在〈孟子〉以後，宋儒以前，這本書中的思想仍是最重要的儒學理論。」

對於勞思光先生中庸思想的評述，我的疑問很多。

一、勞先生認為：「中庸的內容，原是要說明價值哲學與形上學兩面的原則，因此，初步看來，中庸的主題有兩項，第一在價值哲學一面提出「中」（至正不偏）與「庸」（恆常不易），第二在形上學一面提出誠者物之終始之說。」

我的疑問是：中庸乙書的「中」字，嚴格地說從修辭學，語意學的角度來看「中」是何意實不可解，中庸乙書除首章「天命謂之性」提到「喜怒哀樂未發謂之中」之外，並沒有對「中」的定義作進一步的詮釋，中庸乙書有關中庸有如下列：

君子中庸而時中（二章）

中庸民鮮能久矣，之者過而愚者不及（三、四章）

舜大知能執兩用中（六章）

孔子自謂擇手中庸不能期月守（七章）

回之為人也，擇乎中庸，得一善，則拳拳服膺而勿失之矣。

天下可均，爵祿可辭，白刃可蹈，中庸不可能（九

章）

依守中庸，為聖者能之（十一章）

從以上的章句來看，「中」字並無法確知作者心中的「中」字到底何意，至少我看不出來「中」字有何「至正不偏」的意思，首章「喜怒哀樂未發謂之中」，「中」應該是一種原始狀態，既是原始狀態而且「未發」，豈有中與不中之別？

把中字解釋成不偏不倚者程子也。把庸解成勞先生所謂的「恆常不易」亦程子也。其實從古籍、從說文來看「庸」字從來沒有「不易」的意思。勞先生對中庸兩個字的解釋完全襲自程朱理學家的解釋，但是從訓詁、從語意學、從思想脈絡來看程朱對「中庸」二字的解釋是不足服人的。

二、勞先生認為「率性」觀念把「性、道、教」三個觀念把形上意義的天命與文化價值意義上的天命連為一體，但是中庸的率性與孔子的性相近習相遠的觀念是相左的。「習」是後天學習的意思，後天學習對人的一生比天性更重要的觀念，以及孟子性是指本性、天性、性善的觀念也不相同。勞先生對此並沒有提出自己的看法，如果中庸的率性是對的，那麼孔孟對「性」的觀念難道是錯了嗎？如果孔孟沒錯，中庸「率性」乙說就是有問題的，何況既率性能得道又何必言「教」呢？中庸、

性、道教之間本身既有矛盾，怎麼會建立一個價值體系呢？

三、勞先生說：「通過『盡性』而建立『與天地參』的文化觀念，這裡隱含著一個規模極大的價值哲學系統……。」

通過「盡性」不通過「學而時習」之，不通過「過勿憚改」、「盡性」又不是孟子的人類性善的本「性」，如何可以建立一個與「天地參」的道理，如何建立一個規模極大的價值系統？這個系統的內容、架構、邏輯上是否成立一概不進一步說明，這豈不是一句空話？正如姚際恆說的「率性謂之道」一句，「尤在『率』字，蓋下得甚輕，故宋儒解此，兼人物而言，蓋人率人之性，牛馬率牛馬之性，若是則同於牛馬矣。唯類『生之謂性』之說而何？此孟子致詰于告子也。或咎宋儒解人物之過，不知非宋儒之過，而作者之過也。」註：禮記通論中庸章姚氏此話最值得注意的是最後一句「不知非宋儒之過而作者之過也。」此亦勞思光先生之過也！至於「至誠無物」何解？以荀子說法「天道有常不為堯存，不為桀亡」。「不誠」天地運轉尚且如常豈會「無物」？照姚際說法此為佛家語言，「誠」與「不誠」都不能建立一個形上學系統，要建立一個系統，需要填補的空白實在太多，而勞先生的理論只是跳過這些空白，這不也是

彌縫嗎？

　　四、勞先生認爲「但儘管如此，中庸還是較早提出『合內外之道』的價值哲學之典籍，不論多少駁雜成分，其論本質實現之說，仍應看作上承孟子正統的，在孟子以後，宋儒以前，這本書中的思想仍是最重要的儒學理論。」（大學中庸釋註新編）

　　對於勞先生的說法，我完全不能苟同，此說如成立，如何解釋中庸與孔孟理論之矛盾處，如：

　　孔子「十五而有志於學」、「學而時習之」、「入大廟每問事」，而中庸則曰「不勉而中，不思而得」，無論「德性」、無論「問學」，世界上難道有不思而得這回事嗎？

　　其實中庸的問題，尤其是與儒家思想不合的部分姚季恆提出的質疑最多，除了中庸許多理論近佛老之外，姚氏分析中庸絕非儒家思想的重要論述如下：

　　1.孔子出則事公卿，入則事父兄，喪事不敢不勉，不為酒困，何有於我哉？聖人平日以此自省者，不離應事接物上見乎？曾子曰：三省其身：為人謀，與人交，受師傳。非在應事接物上見乎？是以中庸較之，有片言隻字之合否？然則即使果為子思之言，寧有不信顏、曾而反信子思者，又寧有不信孔子而反信子思者，是予之釐剔此以為偽也，人亦可無疑而怪之矣。」（禮記通論）

2.學者依孔、孟所教，則學聖人甚易，人人樂趨喜赴，而皆可為聖人。依偽中庸所教，則學聖人千難萬難，忙無畔岸，人人畏懼退縮而不敢前。自宋以後，中庸之書日盛，而語、孟日微，宜乎偽道學日益多，而真聖賢之途日益少也，此古今世道升降一大關鍵，惜乎人在世中絕不覺之，可為浩嘆。（註如前）

3.為中庸一味裝大冒頭、說大話。孟子曰：「言近而指遠者，善言也。」此則言遠指近恰與相反。語、孟之言極平常，而意味深長，一字一句，體驗之可以終身行之而無盡。為中庸之言，彌六合，偏宇宙，係按之，則枵然無有也，非言遠指近而何？」（註如前）

4.論語云：「吾十有五而志於學，三十而立，四十而不惑，五十而知天命。」蓋孔子自年十五而學，學十有五年後有立其道又需十年而一進。孔子必須學，則中庸所謂自誠而明，不學而知之者，誰可當之歟？堯用四凶，其初非不思也，蘆思之不能無失耳，故曰：「唯帝其難之。」舜之于事，必問于人而擇焉，故曰：「舜奴問。」禹之于事，己所不決，人有告之言，則拜而從之，故曰：「幸苟有過，人必知之。」而中庸曰：「不勉而中，不思而得。」夫堯之思慮常有失，舜、禹嘗待人之助，湯與孔子嘗有過，此五君子者，皆上古聖人之明者，其勉而思之，猶有不及，則中庸所謂不勉而中、不思而

得者，誰可以當之與此五君子者不足當之，則自有天地以來，無其人矣。豈所謂虛言高論而無益者與？夫孔子必學而反後至，堯之思慮或失，舜、禹必資乎人，湯、孔不能無過，此皆勉人力行不息，有益之言也。若中庸之誠明不可及則怠人而中止，無用之空言也，故予代其傳之謬也。」此歐公問進士策，予此書成後六年，閱其文集始見之，既喜予說之不孤，而又愧予之寡學，見之之遲也，亟錄之。（註同前）。

5.天命謂之性，率性之謂道，修道之謂教。率性謂道，性中自有仁義，由仁義而行，乃謂之遁。雖大意可通，然不說出仁義一層，孟子曰：「仁也者，仁也，合而言之，道也。」只是籠統語，未免泛混，便類「生之謂性」之說，以致「以性為惡」，種種弊端矣。老子曰：「失道而後德，失德而後仁，失仁而後義。」彼以氣化為道，故自離根如此，而淮南據中庸解之曰：「率性而行謂之道，得其天性謂之德。性失然後貴仁，道失然後貴義。」按：老子既將二義與道判而為二，淮南復將仁義與性判而為二，益謬矣，則固中庸籠統泛混之返，有以啟之也。

6.「能盡人之性」，此句先未允。夫堯舜之世而有四凶，堯舜之家而子皆不肖，豈能盡人之性耶？孔子於博施濟眾，於修己以安百姓，按曰：「堯舜猶病」，此足證矣。「能盡物之性」，此句由，千古大聖為治，莫

堯舜若矣，史臣言其「平章百姓，黎民於變時雍，海隅蒼生萬邦黎獻」，未嘗一及物也。夫於民且猶病，況物耶？堯舜之下，唯恐孔子，使孔子而治天下，亦堯舜不弱而已矣。又檢論語無一物字，記者但曰釣、曰戈；於廐焚，曰「不問馬」，則其於物，固己不惜戕殺知而膜外視之矣。孟子書始有物字，其曰「君子之於物也，愛知而弗仁」於物曰愛，乃為仁民、親親陪說，非重物也，且曰弗仁則固同孔子之釣戈與不問馬矣。帝王之治天下也，唯以人為本，勢不能兼全乎物，故舜使益掌火，益烈山澤而焚之，驅蛇龍鳥獸之害，然後民可以居，可以食，而其物之不為民害者‧則而任人制射獵網罟之屬以取資焉。與是取禽獸以為飲食，取蠶絲以為衣服，取材木椅為宮室，人之不能無飲食衣服宮室也，則自不能全物之命也。夫物之命且不能全，而況曰物之性乎？

　　7.「前知」二字，聖人之所不道。觀子張問十世，而夫子答以「殷禮之損益可知」可見矣。自此云前知，開後世無數術數之邪學，亦且啟後世人主好尚符瑞之心，必不可訓也，況其所謂前知者，不過見乎蓍龜化事。注云：禎祥妖孽龜之占。夫既卜筮而見乎龜矣，雖愚百姓亦可憑之，以知休咎，乃以詫至誠之如神，其不陋而可笑乎？

　　以上姚氏對中庸與儒家思想的不同，分析得非常精

闢，對於這種不同點，勞先生的解釋與錢穆等學者相同，咸認為中庸是「匯通」了道家佛學的理論為一體，但是根據姚際恆的深入分辨中庸與語孟有如此多的矛盾。「匯通」之說不能含混了事。事實上無論宋明理學家、近代新儒家，對兩者之間的矛盾處都提不出合理的解釋，而斷然用「匯通」二字實在不通。

我對勞思光先生對中庸的看法甚為失望，如根據勞思光先生對邏輯學思方法的重視，中庸與語孟的矛盾處應該有一合理的解釋，不是中庸錯了，就是語孟錯了。此為邏輯學上的排中律（the principle of excluded middle）兩者截然相反的理論必有一是一非。

勞先生與錢穆等犯同樣的錯誤，在治一般學術是運用了許多科學的理性的思考方式，在治經學是卻把自己強調的科學思辨方法完全拋諸腦後。且不論在義理方面中庸與語孟之矛盾問題。且看中庸中所記之鬼神、禎祥、妖孽的記載，如此之多，其間雜有墨家思想、陰陽家思想，與子不語「怪、力、亂、神」、「不能事人焉能事鬼」的人本精神，完全相左，如何「匯通」？如果用放大鏡檢視中庸，觀其外貌是一盤大雜燴，勉強拼湊而成一盤菜，究竟內容則如姚際恆在禮記通論中所說的「偽中庸一味裝大冒頭，說大話。」中庸的真面目不過如此。

第 四 篇

孔子問禮老聃辯

　　孔子是否曾經問禮老子，自古以來爭論不休，近代因爲研究方法的進步，從中國學者如錢穆到日本漢學家如楠山春林，都認爲孔子問禮老聃是一個誤傳，甚至懷疑歷史上是否有老聃其人，而老子乙書可能是集體創作，成書年代不會早於戰國晚期，甚至可能是漢初治「黃老」之學的學者集體創作。

　　史料裡有關老子的記載值得研究者如下：

　　一、論語：述而篇「子曰：述而不作，信而好古，竊比我於老彭。」

　　老彭是誰？或曰老彭是殷賢大夫，或曰老彭是指老聃、彭祖兩個人。，錢穆認爲前說較可信。此外論語一書再也不見有關老子的記載。

　　二、史記：史記老子傳曰老子姓李名耳字聃，曾任

周之守藏之史，孔子曾問禮於老聃，去周授關令尹喜道德經，莫之所終，最後太史公又在老子傳中提到老萊子及孔子死後一百二十九年太吏儋最後說：「或曰儋即老子，或曰非也，世莫知其然否。」司馬遷對老子究竟是誰也頗有疑惑。

　　三、禮記曾子問：在禮記曾子問篇中有四則孔子回答曾子的問題時提到：「吾聞諸老聃」，四則都是跟喪禮有關的問題。第二則內容很有趣，孔子跟老聃見習喪禮碰到日蝕，老聃告訴孔子「丘，止柩就道右，止哭以聽變。」既明返，而後行禮也。據學者考據禮記一書出現很晚，不會早於戰國末期，很可能是漢初作品，有關曾子問的記載並不可信。

　　從曾子問的內容來看，與老子的思想絕不相合，老子是反對俗世禮儀的，老子道德經中有「夫禮者，忠信之薄，而亂之首」（三十八章），這種論調不但可以否定孔子問禮老子乙事，同時也足以令人懷疑老子曾經做過周朝「柱下吏」或「守藏之吏」，一個曾經掌管政府史籍的公務人員會產生反對禮儀，反對道德甚至反對整個人類文明的思想是不可思議的事。

　　四莊子：莊子書中提到有關老子、孔子的記載更不可信，誰都知道莊子乙書大多是寓言故事，託古人編故事來闡述自己的觀念，其中有關史事的部份最不可信。

　　從以上的資料，可以證明以下幾點：

一、老子其人身份不詳，或有其人，但在活的時候
　　是小人物，名不見經傳，所以在論語、左傳等
　　可靠典籍中未見其名。

二、老子乙書晚出，很可能是集體創作。

三、孔子問禮於老子乙事純屬捏造。

　　在古代假借古人名義，著書立說是很平常的事，一方面發揚某派學說，一方面謊稱自己發現古籍以揚名當世。對於古籍的辨偽，清朝大學者崔述用功最勤，成績也最可觀，崔述發明了一套辨偽的方法，除了直接證據外，崔述更重視從思想脈絡來辨真偽，如從思想脈絡來追索，非但禮記曾子問是捏造，史記中老子列傳中老子對孔子的批評，老子曰「子所言者，其人與骨皆已朽矣！獨其言在耳，其君子得其時則駕，不得其時則蓬累而行，吾聞之，良賈深藏苦虛，君子盛德，容貌若愚，去子之驕氣與多欲，態色與淫志，色皆無益於子之身，吾所以告子，若是而已。」孔子聽了老子的話，告訴弟子「鳥，吾知其能飛，魚，吾知其能游，獸，吾知其能走，坎者可以為罔，游者可以為綸，飛者可以為矰，至於龍，吾不能知，其乘風雲而上天，吾今見老子，其猶龍耶！」這段記載絕不可靠。

　　崔述也懷疑孔子問禮於老子乙事，因為此事不見經

傳，崔述並認爲是揚子「**說者託諸老聃以詘孔子**」。

假如從思想脈絡來分析，史記有關孔子問禮的記載問題可大了。

一、老子對孔子的指責合理嗎？驕氣、多欲、態色、淫志，難道真的是孔子的缺點嗎？孔子如果這麼欠缺點還配稱聖人嗎？

二、假如孔子接受老子的指責，那麼孔子爲什麼自許爲一個「**知其不可爲而爲之**」的鬥士呢？孔子對顏回的讚美、對自己的期許不是都出現了大矛盾了嗎？

三、假如孔子的性格行爲是驕氣多欲，那麼論語中孔子謙和、好學、尚儉的面貌又是怎麼一回事呢？

四、老子的批評卑之無甚高論，以孔子的聰明練達，不可能對老子的話佩服得五體投地，稱老子「**其猶龍耶**」。

五、孔子讚美老子的這番話，其語言方式絕非春秋戰國時代孔子論語時代的說話方式，這也是崔述常用的考古方法之一，由此證明孔子從未問禮於老聃的說法是有說服力的。

春秋時代的人有春秋時代的語言、文字特色，戰國有戰國的特色，孔子不可能用漢朝的老子的說話方式讚美老子。

假如孔子問禮於老聃並無其事，那麼禮記一書又晚

於老子，老子之徒與孔子之徒捏造歷史的目的又在那裡呢？我認爲孔老之間的關係是孔子顯名較早，老子之徒捏造歷史貶孔揚老，老子出名以後，孔門弟子又捏造出一個合於儒家思想的老聃來裝點儒家門面。

孔老之間的關係只不過是孔門弟子與老子弟子互相利用捏造出來的謠言。

中庸理論的來源之一是老子，而孔子問禮老聃一事是虛構的，那麼中庸豈可歸類儒家典籍，中庸之道怎麼可能是「孔門心法」？

禮記曾子問可證明孔子

曾問禮老聃嗎？

　　很多學者以禮記曾子問中有四則孔子問禮於老子的記載作為孔子曾問禮老聃的證據，這種說法其實早經學者考證其為謬說，原因是禮記一書成書很晚，最早早不過秦統一六國以後，最晚可能在西漢淮南王以後。禮記乙書，晚於孟子、荀子等書・禮記中曾子問不可能做為孔子曾問禮於老子的證據，此說已成定論，查孔子問禮老聃之說最早見於莊子，但莊子成書亦晚，且莊子內容十九為寓言故事，不可做為史料，而司馬遷孔子問禮老聃說可能採自莊子。

　　從出書的年代，無法證明孔子曾問禮於老聃，我們再從有關老子的傳說以及老子乙書的思想體系而論孔子更不可能問禮老子。查史記所載老子是周守藏室之吏也，守藏室者官方之檔案資料室也，又云「老子隱君子也。」身為王官如何能做隱君子，前後矛盾，司馬遷最

後又說老子或爲傳說的太史儋，最後以「或曰儋即老子，或曰非也，世莫知其然否。」以上說法可見司馬遷對老子的說法前後不一，且不能肯定老子來歷。

再從孔子問禮的內容來看，曾子問四則中第一則是有關天子諸侯出陣、巡守等事；第二則是葬禮靈柩車途中遇日蝕事；第三則是葬未成年（殤）死者之禮；第四則是國家發生大事時，三年服喪期間之家臣不應從事軍，政等事。

以上記載可疑者二，其一、老子是反禮教的，老子曰：「禮者忠信之薄而亂之首也」，老子假如是周朝之史臣知禮卻反禮，豈會教孔子有關禮儀之事；其二、論語中孔子談到「禮」皆爲社稷、君臣之間的大事，而不及於瑣碎細節，曾子曰：「俎豆之事則有司存」，曾子問中的問題皆不是孔子關心的議題，豈有自己不解向老子求教芝麻小事之理？

以上無論從考證的角度來看、情理的角度來看，孔子問禮老聃之說都是子虛烏有，如從史記記載老聃與孔子見面後，老子訓斥孔子的話，以及孔子對老子的讚美來看，更是荒謬絕倫，史記中老子暗諷孔子的話「驕氣、多欲、態色、淫色」，這真是孔子的缺點嗎？我們從可靠的史料如論語、左傳、史記中都看不到孔子有那麼多的缺點。孔子承認自己有上述缺點嗎？從史料也看不出

來，但是史記中孔子對老子讚美之詞，似乎孔子承認自己有這些缺點。並且讚美老子「其猶龍耶！」查論語中孔子對政治人物或弟子的讚美之詞多用仁、德、恭、忠、賢等詞彙，從未用「猶龍耶！」這一類的道家語言。

那麼孔子問禮於老聃到底是怎麼回事？據日本學者楠山春樹（一九二二年生，先乎後兩次參與大現代世界百科事典中國部份之編寫，專研中國哲學）認爲老子有兩個，一個是道家的老子，一個是儒家的老子，先是道家老子詘孔以揚老，後來老子出名以後孔子弟子又塑造了一個合於儒家的老子以拉抬孔子身價。總之孔子問禮於老聃乙事全系子虛烏有，禮記曾子問記載不足爲憑。

比較孔孟與中庸的喜怒哀樂

　　歷來研究中庸的學者咸認爲「喜怒哀樂未發謂之中，發而皆中節謂之和」：「致中和」與「慎獨」是中庸之精義。

　　我對「喜怒哀樂未發謂之中」以及「致中和」的解釋始而茫然，後來裝懂，進而迷惑；又從懷疑到苦思，最後恍然大悟，這句話原來是意無所指的廢話，因爲我苦思多年最終的結論是禮記中庸篇非但是僞書，而且非一時一人之作，非但不是「孔門心法」，而且絕不合孔孟思想，非但不合孔孟思想，而且本身理論不通，其中最不通者乃「喜怒哀樂未發謂之中，發而皆中節謂之和」。

　　僞書不足爲病，中國古籍僞書多矣！或託古以舒己見，或爲發揚諸子精神，但中庸乙書內容雜亂，有合儒家者，有合墨家者，有抄自孟子者，有襲自老莊者，內容拼湊而矛盾，文句更是虛玄而無章法，中庸成書後可能未經高人整理過，所以如此零亂、雜蕪、粗糙。

　　喜怒哀樂未發謂之「中」，即然未發，應該是一種原始、靜止狀態，既是原始靜止狀態，豈可謂之「中」，中不是不偏不倚的意思嗎？既然未發怎麼叫料定是「中」呢？這好比一個學生發了考卷，還沒寫答案，怎麼就料定他考滿分呢？或許有人解釋成假如發而皆中節，但是更重要的是中節的標準是什麼？如何「中節」？如果一套理論完全不提標準、不提實踐方法，那不是廢話嗎？如果形容一個元始、靜上狀態，那麼「混」、「元」不是更貼切嗎？

　　「發而皆中節」，皆中節用最淺顯的話來解釋，喜怒哀樂的表現都很正確、很精準，但是我要問「中節」的標準是什麼？譬如「怒」，一個受過高等教育的人要「不怒」，或該怒時怒，不該怒時不怒是很困難的事，知道了以後如何做到呢？建立標準是一回事，行事合乎標準又是一回事，否則何必「學而習之」，何必每日「三省吾身」、何必「過勿憚改」。

　　中庸對喜怒哀樂的標準隻字不提；對於如何「中節」，行事合乎標準，如何實踐「中節」也隻字不提；這種無根之談豈可視爲「道德形上學」。

　　我們對照孔子對喜怒哀樂等情緒問題的觀點：

　　子曰：「學而時習之，不亦說乎？有朋自遠方來，不亦樂乎？人不知而不慍，不亦君子乎？」（論語學而）

　　求學問、溫習所學，有好朋友從遠方來都是快樂的事。這種形而上的快樂超過感官的七情六慾的快樂，所以孔子提倡並鼓勵弟子追求這種快樂。

　　子游問孝：「今之孝者是謂能養，至犬馬皆能有養；不孝何以別乎？」（為政）

　　子夏問孝，子曰：「色難，有事弟子服其勞，有酒食先生饌，曾是以為孝乎？」（為政）

　　以上兩則可合併解釋，孝不只是「能養」，不只是「有酒食先生饌」，而是要發自內心的敬愛。敬愛表現在臉上有時是很難的事，如父母久病、如父母有過規勸不聽。這都說明了「中節」不是件容易的事，所以孔子才提出「色難」來警惕學生。

　　子曰：「事父母幾諫，見志不從，又敬不違，勞而不怨。」（里仁）

　　父母有過也要規勸，規勸無效也不可怨恨，這是每個家庭都常見的一種情況，而為學者所輕忽。可見孔子對世事人情之觀察是多麼深入、細膩。

　　子曰：「父母之年不可不知也：一則以喜，一則以懼。」

　　父母健康高壽是值得高興的事，但是年事已高，恐懼來日無多，應把握機會孝順父母。

　　伯牛有疾，子問之。自牖執其手曰：「亡之，命矣

夫！斯人也，而有斯疾也！斯人也而有斯疾也！」（雍也）

伯牛品德良好，年紀不大，而生惡疾，孔子哀之。非但哀之更抱怨老天之不仁。這是孔子之哀。

子曰：「賢哉回也！一簞食，一瓢飲，在陋巷，人不堪其憂，回也不改其樂。賢哉回也！」（雍也）

孔子讚美顏回好學，不貳過，而不恥惡衣惡食，從求學進德中得到快樂。孔子的目的在藉顏回做典範，鼓勵弟子追求高境界的快樂。

子曰：「知者樂水，仁者樂山，知者動，仁者靜，知者樂，仁者壽。」（雍也）

仁者追求山水大自然的快樂，追求進取恬淡的快樂而不是物質上的錦衣玉食。

子曰：「子食於有喪者之側，未嘗飽也。子於是日哭，則不歌。」

死亡是令人哀傷的事，弔喪時哭過了，當天就不再唱歌。

子在齊聞〈韶〉，三日不知肉味，曰：「不圖為樂之至於斯也！」（述而）

韶舜樂名，孔子在齊國聽到了韶樂，喜歡得連吃肉都沒滋味，可見孔子對韶樂的喜愛。

子曰：「知者不惑，仁者不憂，勇者不懼。」（子

罕）

　　此句最能代表孔子的人生境界，也是孔子自我追
求，期勉弟子的標準，不惑、不憂、不懼的人生何其快
樂也，得之以知以仁以勇。目標明確、方法明確，不流
於玄虛、不流於空談。

　　顏回死，子哭之慟，從者曰：「子慟矣！」曰：「有
慟乎？非夫人之為慟而誰為？」

　　顏回是孔子最喜歡的弟子，顏回死了，孔子哀傷過
度，孔子弟子對孔子說：「你哀傷過度了。」孔子承認
哀傷過度了，但孔子認為為了顏回之死哀傷過度也是應
該的，因為顏回太優秀了。孔子哀傷過度如以中庸的標
準，孔子的表現是不是不「中節」呢？

　　司馬牛問君子。子曰：「君子不憂不懼。」曰：「不
憂不懼，斯謂之君子已乎？」子曰：「內省不疚，夫何
憂何懼！」（顏回）

　　不憂不懼是何等坦蕩光明的心境，其方法是要經常
內省，要過勿憚改。

　　從以上論語中記載孔子談到有關喜怒哀樂等情緒問
題，歸納孔子的看法，可知孔子對人的七情六欲等問題
著墨甚多道理非常明白，涉及的範圍很廣，從交友到事
親、到生活品味、到個人學習、個人品德的提昇、人生
境界的提昇等等，對各種情緒都有一定的標準，由此可

見替喜怒哀樂建立標準是很難的事，孔子對於如何實踐，也就是中庸所謂的「發而皆中節」也提出很多具體的辦法，如學而時習之、如過勿憚改、如溫故而知新、如內省不疚、知者不惑等，從論語相關的記載與中庸的說法大相逕庭。

又孟子對喜怒哀樂的看法也與中庸絕不相類，茲舉例如下：

莊暴見孟子曰：「暴見於王，王語暴以好樂，暴未有以對也。曰『好樂』，何如？」

曰：「獨樂樂，與人樂樂，孰樂？」

曰：「不若與人。」

曰：「與少樂樂，孰樂？」

曰：「不若與眾。」

「今王與百姓同樂，則王矣。」

王曰：「大哉言矣！寡人有疾，寡人好勇。」

「文王一怒而安天下之民《書》。」

齊宣王見孟子於雪宮。王曰：「賢者亦有此樂乎？」孟子對曰：「有。人不得，則非其上矣。不得而非其上者，非也；為民上而不與民同樂者，亦非也。樂民之樂者，民亦樂其樂；憂民之憂者，民亦憂其憂。樂以天下，憂以天下，然而不王者，未之有也。」

王曰：「寡人有疾，寡人好色。」對曰：「昔者大

王好色，愛厥妃；《詩》云：『古公亶父，來朝走馬，率西水滸，至于岐下，爰及姜女，聿來胥宇。』當是時也。內無怨女，外無曠夫。王如好色，與百姓同之，於王何有？」〈孟子·梁惠王下〉

孟子曰：「子路，人告之以有過則喜；禹聞善言則拜。大禹有大焉：善與人同，舍己從人，樂取於人以為善。自耕稼陶漁，以至為帝，無非取於人者。取諸人以為善，是與人為善者也。故君子莫大乎與人為善。」〈孟子·公孫丑下〉

孟子曰：「大人者，不失其赤子之心者也。」〈孟子·離婁下〉

孟子曰：「君子有三樂，而王天下不與存焉。父母俱存，兄弟無故，一樂也：仰不愧於天，俯不怍於人，二樂也；得天下英才而教育之三樂也。君子有三樂，而王天下不與存焉。」〈孟子·盡心上〉

孟子對喜怒哀樂的看法與孔子大致相同，是其思想境界在孔子的脈絡上有大幅度的提昇。孟子提出君王要與民同樂，獨樂樂不如眾樂樂。更激進地讚美文王一怒而安天下，除此以外孟子天提出「與人為善」是一種君子的快樂，人應該保存其赤子之心，不虛假、不世故，赤子之心的喜怒哀樂是出自本性發乎自然，不虛假不做作，更提出君子之樂是父母俱存、兄弟無故、仰不愧於

天、俯不怍於人，得天下英才而教育之，而功名利祿，甚至得天下不包括在內，而憂要「憂民之憂」。

孟子的喜怒哀樂約略可分君王的標準，與民同樂一怒而安天下，憂民之憂。君子之樂仰俯無愧得天下英才而教之。庶民之樂不失其赤子之心。

孟子對喜怒哀樂的主張是在孔子的基礎之上，更細膩地、更進一步地有所發展。

我們反觀中庸的說法，對照孔孟的言論，孔孟的思路，我們不禁要提出下列的疑問：

一、喜怒哀樂是人的情緒，從經驗得知，一個孩童，一個沒有受過教育的老粗，一個讀書人，一個人少不經世的青年與飽經憂患的中年人其喜怒哀樂的反應是截然不同的，中庸對喜怒哀樂的標準是什麼？

二、如何發而皆中節，孔子對顏回不遷怒讚美有加，可見不遷怒是很難的事，不遷怒可謂「中節」，但是人的情緒如此複雜，發而皆中節恐怕聖人也做不到。發而皆中節是一種修養、一種歷練、一種做人的境界，聖人都做不到發而皆中節，這句話對一般人有什麼意義呢？既然世上無人可做到發而皆中節，那麼後面所說的「和」、「致中和」也是可望而不及者也，無法致中和，那麼怎麼會得出「天地位焉，萬物育焉」的結論呢？

這種演譯，這種推理從邏輯學、語意學，或從孔孟

的思想脈絡來衡量都是說不通的。

　　這種說法好像有人說「假如有人百發百中，他就是神槍手。」又像股票分析師常說的「交易量大股價就會漲，量縮就會跌」。這些都是廢話，百發百中當然是神槍手，股票交易量大當然會漲，問題是如何百發百中，如何預知交易量。假如無法百發百中，也無法預知交易量，則以上兩句話都是廢話，一句廢話居然糾纏了中國知識份子兩千多年。

　　喜怒哀樂是每一個人都生而具有的情緒，教育的目的之一是告訴一個人何時該喜何時該樂，先建立標準，再教育控制自己的喜怒哀樂，以便達到「不逾距」、「己所不欲勿施於人」、「不遷怒不貳過」、「聞過則喜，聞善言則拜」的境界。

　　建立標準是很複雜的事，人是社會動物，面對朋友、父母、長官、兄弟相處的態度各有不同，而控制自己的情緒做到恰到好處（中節）更是難如登天。須要長期自醒、自勵，大多數人至死無法做到，或只能做到一部份。

　　以孔子對「孝」看法為例，孔子認為孝「色難」、「父母在不遠遊，遊必有方。」、「事父母幾諫，見志不從，又敬不達，勞而不怨。」、「父母之年不可不知也，一則以喜，一則以憂。」、「小杖則受，大杖則逃」等等。

　　僅僅對父母應有的態度就如此複雜，「喜怒哀樂未發謂之中，發而皆節謂之和」豈不是一句空話。從發而皆中節蹦出致中和天地位焉，萬物育焉的結論，謂之天馬行空，不爲過也。中庸的很多文字不合邏輯、理路不清、思想雜蕪，無論用孔孟的思想脈絡、用語意學的方法想替它「彌縫」、「牽合」都不可能，怎麼會有人把它當成儒家的精華？

　　中國人讀書除非永遠不求甚解，除非永遠喜歡只能意會不能言傳，否則我們必須承認中庸是儒家思想的垃圾。

孔子中庸嗎

　　論語有關中庸的記載不多，比較相關的有下列三則：

　　一、中庸之為德也，其至矣乎！民鮮能久矣！

　　二、不得中行而與之，必也狂狷乎！狂者進取，狷者有所不為也。

　　三、堯曰：「咨！爾舜！天之曆數在爾躬，允執其中，四海困窮，天祿永終。」舜亦欲命禹。

　　說實話從論語有限的資料實在看不出孔子心中「中庸」的意思，孔子對仁的解釋，對孝的解釋，嘗見於孔子對弟子的問答之中，說法不一，但穿綴起來便會給我們一個清晰而完整的概念。但是論語沒有對「中庸」兩個字提出過任何解釋，而我認為這三句話對「中」的意思表達與禮記中庸的意思截然不同。

　　我認為第一句「中庸之為德也其至矣乎，民鮮能久矣！」中庸的意思，可能是民風純樸，民德歸厚的意思，也就是說一般庶民百姓的標準，與要求君子的標準是不同的，此處的中庸是平庸、善良的意思。

中庸二字在當時可能是一句常用俗語，因爲太俗了，所以孔子沒有特別加以解釋。就好像今天可口可樂的鋁罐到處可見，所以無人收藏，壹千年後考古學家發現了可口可樂的罐子反而要花很多的力氣去研究可口可樂的鋁罐到底是什麼。

第二句「中行」應該解釋成「正確」或「不犯錯」的意思，假如把中行解釋成理學家認爲的「中道」，那接下來的文義便不通，因爲「……必也狂狷乎，狂者進取，狷者有所不為也。」狂與狷都是反中道的，無論做人、做學問，狂狷都比中道要更難，要更有勇氣，也更令人敬佩，所以如把「中行」解釋成中庸之道，在文義來說是不太通的，邏輯也有顯然矛盾。這裡的中應該解釋成「正確」，甚至「絕對正確」。

第三句「允執其中」，我認爲更與中庸無關，允是誠實，此處應作忠誠，執中是在崗位上盡你的責任，「中」是指崗位上的意思，與中庸無關。

當然以上也只是我的看法，證據似嫌不足，但是我們從孔子的理論，從孔子的治學原則，從孔子的做人態度，全然找不到一丁點中庸的影子，非但如此，我們反而可以找到很多證據證明孔子無論做人，無論做學問，都是反中庸的。

對於知識的態度孔子主張：林放問禮之本，子曰：

「大哉問，禮與其奢也寧儉，喪與其與其易也寧戚。」意思是禮如果不能做到恰如其份，與其奢華不如儉陋。喪禮與其注重表面功夫不如重視內心哀戚。

　　子曰：「奢則不孫，儉則固，與其不孫也寧固。」意思是奢華則不遜，太儉則寒酸，與其不遜寧願寒酸些。

　　「與其」的語法是比較級、是選擇題，兩權相害取其輕，孔子在不能做到十全十美的時候從來不主張選擇中道，如一個喪禮花壹佰萬是奢，花十萬是儉，中庸之道應該是花五十萬，但孔子主張只花十萬。這難道是中庸之道？

　　孔子又說：「朝聞道夕死可也」，又說「當仁不讓於師」，孔子對求知求真的態度是「入大廟每問事」，是「學而時習之」絕不中庸，絕不和稀泥。

　　那麼孔子做人的態度呢？我們看看以下例證。

　　子曰：「三軍可奪帥也，匹夫不可奪志也。」

　　子曰：「知者不惑，仁者不憂，勇者不懼。」

　　子曰：「為永季氏理財。」子曰：「非吾徒也，小子鳴鼓而攻之可也！」

　　子曰：「……言必行，行必果，硜硜然小人哉！」

　　子貢說管仲非仁者，子曰：「微管仲吾其被髮左衽矣！豈匹夫匹婦之為諒也，自經溝瀆，而莫之知之！」

　　或曰：「以德報怨何如？」子曰：「何以報德，以

直報怨，以德報德。」

子曰：「直哉史魚，邦有道如失，邦無知如失。」

子曰：「惡紫之奪朱也，惡鄭聲之亂雅樂也，惡利口之覆邦家者。」

子曰：「鄉原，德之賊也。」

從以上的證據，我們發現孔子做人的態度是直來直往、黑白分明、是非分明，重大體輕細節，鼓勵正直如失者，厭惡鄉愿、偽君子。孔子罵人「老而不死是謂賊」、罵人「朽木不可雕也」、罵弟子「非吾徒也，小子鳴鼓而攻之可也！」孔子的個性開闊率真，一點都不「中庸」，一點都不和稀泥，一點都不合於中庸之道。

孟子與中庸之道

　　孟子對「中庸」著墨不多，僅有下列數則：

　　孟子盡心篇：孟子曰：「楊子取為我，拔一毛而利天下，不為也。墨子兼愛，摩頂放踵利天下，為之。子莫執中，執中為近之，執中無權，猶執一也，所惡執一者，為其賊道也，舉一而廢百也。」

　　孟子對楊、墨的批評一向霸道而不講理，甚至批評楊墨無君無父是禽獸也，此處孟子比較理性的批評了楊墨，但是對主張「執中」的子莫也不敢苟同，因為怕子莫「執中無權」，而「賊道」，而「舉一廢百」，對楊墨之間是否可採中庸之道，孟子是反對的。

　　孟子盡心篇：孟子曰：「大匠不為拙工改廢繩墨，羿不為拙射變其彀率，君子引而不發，躍如也，中道而立，能者從之。」此句雖有「中道而立」，但整句文意「不改繩墨」、「不變彀率」，是堅持原則的意思，此處的中道應解釋成「正確」的道路，毫無禮記中庸的況味。

　　孟子盡心篇：萬章問曰：「孔子在陳曰：『盍歸乎

來！吾黨之小子狂簡，進取，不忘其初。』孔子在陳，何思魯之狂士？」

孟子曰：「孔子『不得中道而與之，必也狂狷乎！狂者進取，狷者有所不為也』，孔子豈不欲中道哉？不可必得，故思其次也。」

曰：「如琴張、曾皙、牧皮者，孔子之所謂狂矣。」

「何以謂之狂也？」

曰：「其志嘐嘐然，曰：『古之人！古之人！』夷考其行，而不掩焉者也。狂者又不可得，欲得不屑不潔之士而與之，是狷也，是又其次也。孔子曰：『過我門而不入我室，我不憾焉者，其惟鄉愿乎！鄉愿，德之賊也。』」

曰：「何如斯可謂之鄉愿矣！」

曰：「『何以是嘐嘐然也？言不顧行，行不顧言，則曰：古之人！古之人！行何為踽踽涼涼？生斯世也，為斯世也，善斯可也。』閹然媚于世也者，是鄉愿也。」

曰：「非之無舉也，刺之無刺也；同乎流俗，合乎污世；居之似忠信，行之似廉潔；眾皆悅之，自以為是，而不可與入堯舜之道，故曰『德之賊』也。孔子曰：『惡似而非者：惡莠，恐其亂苗也；惡佞，恐其亂義也；惡利口，恐其亂信也；惡鄭聲，恐其亂樂也，惡紫，恐其亂朱也；惡鄉愿，恐其亂德也。』君子反經而已矣。經

正，則庶民興；庶民興，斯無邪慝矣。」

　　此段敘述孔子對狂、狷的態度，對鄉愿的態度，同時孟子更進一步的解釋孔子的理論「非之無舉也，刺之無刺也，同乎流俗，合乎污世，居之似忠信，行之似廉潔，眾皆悅之，自以為是，而不可與入堯舜之道，故曰『德之賊也』。」對於求真理，求學問，以及做人的態度，孟子不但與孔子相同，事實上孟子比孔子更激烈、更狂狷、更不中庸。從下列孟子的話可以更進一步證明我的說法。

　　孟子認為「殺桀，對是誅『一夫』而非『弒君』」。

　　孟子主張「自反而縮雖千萬人吾往矣！」

　　孟子主張「君有大過則諫，反覆不聽則易位。」

　　孟子主張「魚與熊掌不可兼得，舍魚求熊掌，生與義不可兼得，捨生而取義。」

　　假如照傳說中庸是孔子的孫子子思所作，孟子又受業於子思的門人，那麼為什麼孟子的思想裡沒有一丁點中庸的影子？這更證明了中庸非子思所作，所以「中庸」乙書對孟子毫無影響，因為孟子從來沒看過中庸。

試釋中庸「天命章」

自從朱子將禮記中之大學、中庸兩篇抽出單獨成書，與論語、孟子並列，中庸成了儒家聖經之一，自古迄今，解釋中庸的文章多如恆河之沙，但是遠從程朱到胡適之，他們對中庸的解釋都不能令我心服，解釋中庸其不足以服人者有三種類型：

一、自創品牌型：始作俑者程伊川也，程伊川是理學的開山大師，其對儒學有許多創見，如果這些創見都用自己的品牌，光明正大地用「程子曰」，那麼儒學就會減少了一些「漢儒」、「宋儒」、「真儒」、「假儒」之爭，但是程子繼承了中國讀書人「托古」、「托古人」的毛病，更把自己的想法說成孔子的想法，如程子釋中庸「不偏爲之中不易謂之庸」把中解釋爲「不偏」是不精確的，根據論語子路篇「不得中行而與之，必也狂狷乎！狂者進取，狷者有所不爲也。」此處之「中行」，對照全文的語意，中行應該解釋成「正確的」、「完美的」，也不應該解釋成「中庸」或者「不偏」。假如「中

行」的意思不是更高層的「正確」、「完美」的意思，此句便不通。如我們說「沒有大魚大肉，來個饅頭也行。」我們誰都不會說「沒有饅頭，來點大魚大肉也行。」這樣說是不通的。這句話的「中」高過狂、狷，當然不是一般人認知的中庸，而更不會是程子的中庸，因為程朱對中庸的解釋根本不是儒家的，程子的說法也經不起語意學的推敲。

即使根據中庸對中的解釋「喜怒哀樂未發謂之中」中是一個人情緒的原始狀態，也沒有不偏不倚的意思。

至於庸這個字無論從說文，或古籍，皆沒不「不易」、「不變」的意思，程子對中庸兩個字的解釋完全自創，既不根據孔門心法，也不根據儒家思想脈絡，甚至完全偏離這個字的字義。程子對中庸的解釋無論是否合理但完全是「自創品牌」卻是事實。

二、人云亦云型：千年以來解釋中庸者多屬此類，此類學者最大的特色，讀書不求甚解，喜歡把自己關在一個封閉的冥想世界，在宋儒建構的玄學系統裡自說自話，解讀古籍，動輒程子曰、朱子曰、張三曰、李四曰，以古人解釋古人，以遠古解釋中古，以中古解釋現代。

三、不懂裝懂型：這類學者與前類學者的毛病大多重疊，解釋古籍可以引經據典，說得一套又一套，但是要把經義套上基本邏輯，拉回生活現實則張口結舌不知

所云。

四、孨種型：此類腐儒曾經是儒林外史等章回小說恥笑的對象，但是一直到今天治儒學者，包括新儒家在內，皆迷信權威，不敢挑戰古聖先賢，不敢對古籍文義之可疑處、不合時宜處、荒謬不經處追根究底。

假如根據孔子「回也非助我者也與我言無所不說」的主張，孔子也一定贊成「無弟子不如己者」「吾愛吾師吾更愛真理」，孔子一定不會贊同國人盲目同意、借殼上市的「中庸」，更不會苟同大家盲目追隨胡亂解釋中庸的程朱。

根據孔門心法，我試釋中庸「天命謂之性」

「天命謂之性，率性謂之道，修道謂之教」，假如照秦漢以前古籍的解釋「天命」，就是上天的命令，對於天的解釋，儒、墨、法不盡相同，最大的差異在於天是否有意志的？是否懲惡揚善的？抑或天只是自然而然像荀子說的「天道無常，不為堯存，不為桀亡。」但是「天命謂之性」是什麼意思呢？坦白說我不懂，照朱子的解釋「命猶令也，性，理也，天以陰陽五行化生萬物，氣以成形，而理亦賦焉，於是人物之生，因各得其賦之理，以為健順五常之德，所謂性也。」朱的解釋如果翻成白話「天造萬物之時同時賦予了理在其中，理就是性。」省去天造萬物的陳述所以「天命謂之性」，朱子

的解釋大有問題，其一原文只是天命謂之性，我們實在無從判斷原文作者是否有「天以陰陽五行化成萬物」的意思；其二朱的解釋完全背離了孔子人文、務實的思維方式，朱的過度解釋完全是老子的思維方式。

「率性之謂道」。朱註：「率，循也。道，路也。人物各循其性之自然則其日用事物之間，莫不各有當行之路，是則所謂道也。」率性而爲就是「道」，這也不是儒家的想法。「道」如果如此容易，俯拾皆是，孔子何必曰：「朝聞道夕死可也」，把道看得如此珍貴。

「修道謂之教」。朱註：「修，品飾也，性道雖同，而氣稟或異，故不能無過不及之差。聖人因人物之所當行者，而品節之以爲法於天下，則謂之教，若禮樂刑政之屬也。」朱對「率性謂之道」的解釋可能自己都覺得不能自圓其說，於是修道謂之教中補以「若禮樂刑政之屬」，這種解釋與前句率性是相矛盾的，聖人以「禮樂刑政之屬」以教人，正說明了修道不可率性，修道需要通過「禮樂刑政」。

「道也者不可須臾離也，可離非道也。」

「是故君子戒慎其所不睹，恐懼乎其所不聞，莫見乎隱，莫顯乎微，故君子慎其獨也。」以上兩句朱子的解釋我也不爲然。在現代學術分工之精太多學問「不諳」、「不聞」。以現代社會之複雜，人類行爲學之發

達，實在卑之無甚高論。。

「喜怒哀樂之未發謂之中，發而皆中節謂之和。中也者，天下之大本也；和也者，天下之達道也。致中和，天地位焉，萬物育焉。」

要解釋這一段文義必須要先參照孔子的思維方式，孔子思維方式有下列特色：

一、人文的、務實的：孔子對政治主張德政，對人格主張仁愛，對社會秩序提出正名主義，對教育提出有教無類等等，對於命、利、天卻存而不論。

二、經驗的：孔子入大廟每問事，孔子本身學不厭教不倦，孔子很多理論都從學習及人生經驗而來，而非冥想玄想。

三、邏輯的：孔子的理論有一套完整的邏輯系統，以現代邏輯視之可能不夠周延，但不可否認孔子思想語法可歸納出一套邏輯系統，而不像中庸很多理論是直觀的、跳躍式的，或互相矛盾的。

順著孔子思維邏輯的特色，我們來解讀「喜怒哀樂之未發謂之中」這句話就不可解，其一在中庸之前無此說；其二作者並未說明為什麼喜怒哀樂之未發謂之中，如果不加解釋這句話可不可以變成「喜怒哀樂之未發謂之『初』呢？」一個新的見解或主張，或給某個觀念重新下個定義是可以的，但是不可缺少「說明」的環節，

否則就不是儒家的思維模式，如孔子曰：「*君子務本，本立而道生，孝悌也者，其為仁之本與？*」孔子這句話先說務本，務本是很清楚明白的道理，君子要務本，因為孝悌是仁之本，務本之後才能近道。整個論語孔子沒有一句玄祕之論，或跳躍式的思考，所以姑不論「*喜怒哀樂之未發謂之中*」到底是什麼意思，但是我敢肯定，這絕不是儒家的思想絕不是孔子的語言方式。

「*發而皆中節謂之和*」，我的疑問是何謂中節，一般解釋中節者合於節度。但是合於節度的標準是什麼？合於節度豈是易事哉？照儒家的標準合於節度要學而時習之，要溫故而知新，要吾日三省吾身，過勿憚改，中節是要下功夫的。又「和」在此處何解？為什麼發而皆中節謂之和？

「*中也者，天下之大本也，和也者天下之達道也。致中和，天地位焉，萬物育焉。*」致中和天地位焉，萬物育焉，這是道家思想，道家語法，非但這一句，整個天命謂之性全是道家思想，全是老莊語法。

孔子的天道觀與天命觀跟道家不同，孔子認為天是沒有意志的，不分善惡的，所以子曰：「*道之將行也與，命也；道之將廢也與，命也，公伯寮其如命何？*」（*論語憲問*），孔子把「人事」跟「天命」分開所謂盡人事聽天命，所謂知其不可為而為之，這才是孔子的真精神。

中庸整篇文章皆爲老莊筆法，其義接近老莊法自然的觀念，所以說：「致中和，天地位焉，萬物育焉。」

至於「中庸」兩個字的解釋，除天命謂之性一章「致中和」的主張外，以後的文字常提到中庸，如「君子中庸」、「小人反中庸」、「中庸其至矣乎！民鮮能久矣。」、「回之爲人也，擇乎中庸。」、「君子依乎中庸」，但是再也沒有對「中庸」兩個字提出相關的任何解釋，這跟論語中孔子對仁、對孝有反覆的解釋，其解釋詞彙每次不同，或從不同角度，或針對發問者因才施教，孔子對仁、對孝的主張是一種完整的，一以貫之的清楚明白的思想體系。而「中庸」兩字出現在中庸整篇之中除「天命謂之性」一章外，對中庸一詞未有進一步解釋中庸之真義實不可解。連天命謂之性一章也是在談中與和（致中和）而不確定是在談中庸。

對中庸兩字的解釋，大家都根據程子的說法，程子曰：「不偏之謂中，不易之謂庸。」但是我們找遍中庸一書並沒有類似的解釋，程子把庸解釋成「不易」（不變）更難以服人。

喜怒哀樂，是人的情緒，發而皆中節，也就是說要表現得恰到好處的意思，要做到恰到好處，何其難也！除了要受過良好的教育，還要做到「每日三省吾身」，還要做到「不遷怒不貳過」、「聞過則喜，聞善言則拜」，

還要做到「敏而好學不恥下問」，還要做到「克己復禮」、「非禮勿視，非禮勿聽，非禮勿言，非禮勿動」。

以上都是孔子對個人修為的教訓，假如都做到了，是否能做到「發而皆中節」，還是個大問題，因為聖人也是人，聖人都會有情緒，如何做到「發而皆中節」，孔子很務實地提出一大堆方法跟原則，中庸對方法問題一字不提，請問如何做到「發而皆中節」呢？如果一個人讀了一肚子聖賢書，結果「喜怒哀樂發而皆『不』中節」時怎麼辦呢？「發而皆『不』中節」就不能謂之和，不能謂之和「天下之大本，天下之達道」、「天地位焉，萬物育焉」的推論都不能成立。

喜怒哀樂發而皆中節，別說對一般百姓，對高級知識份子都是十分困難的事。

子曰：「如有博施於民，而能濟眾，何如？可謂仁乎？」子曰：「何事於仁，必也聖乎！堯舜其猶病諸，夫仁者，己欲立而立人，己欲達而達人⋯⋯。」

套用孔子的邏輯「喜怒哀樂發而皆中皆謂之『聖』，堯舜其猶病諸！」

喜怒哀樂發而皆中節是聖人的標準，一般平民百姓大多數人都做不到，假如做不到，天地宇宙就混亂了嗎？四季運行就倒置了嗎？事實上絕對不會，說穿了這句話只是披了儒家外衣的老子玄學語言，非但與儒家精神不

合，也與儒家語言邏輯不合，一個錯誤的命題，導致一連串錯誤的推論，兩千多年來多數知識份子非但沒有人懷疑中庸不是儒家的東西，甚至拚命用儒家的東西往裡面塞，往外套。

宋儒與漢儒之爭主要在宋儒主「尊德性」，所謂明心見性，存天理、去人欲，非但認為「道問學」不重要，甚至認為學問反而是真理的障礙。

我們從中西方有關「道德」的學問，概約分兩個層次，一個是形而上的主張、呼籲、期許的層次。這種語言類似口號、標語，其目的在「教化」在「改變氣質」，在「鼓勵」，但是這種說法往往欠缺邏輯上的周延性，如「天下興亡匹夫有責」，這句話其目的在激勵每一個人為天下興亡而努力、而盡責，但是在邏輯上這句語是不能成立的，因為任何一個時代都有老弱婦孺，他們對天下興亡有什麼責任？

還有一種理論非但在道德上有所主張，而這種主張來自經驗、來自因果邏輯，如「謙受益，滿招損」，因為一個人無論出身，無論教育程度，每個人都有「禍從口出」的經驗，每個人都喜歡跟謙和的人交朋友，驕傲、自大是會嚐到立即報應的。

我們細讀，孔、孟的學說談到道德部份都不外乎這兩個層次，超過這兩個層次的理論就是玄學，絕非孔、

孟本心。

儒家的主張是學習、反省、溫故知新，尊德性與道問學一樣重要，絕不是「率性謂之道」。

孔子對道的解釋要從論語中找答案

從論語的資料，我們發現孔子心中的道跟老子是大大的不同，非但如此，孔子之道與後儒的想法如禮記大學、中庸裡道的意思也大不同，孔子心中、口中的道是道理，求真理的方法，是一種做人、做事的態度，有時用作形容詞指規律、上規道的意思，如：

子曰：「吾道一以貫之」在這裡道是指道理、思想、主張。

子謂南容「邦有道不發，邦無道免刑戮」此處道是指政治上規道。

憲問恥，子曰：「邦有道穀，邦無道穀，恥也。」此處道是指政治上規道。

子曰：「直哉史魚，邦有道如失，邦無道如矢……。」此處道是指政治上的規道。

又如

子曰：「道不行，乘桴浮於海，從吾道者其由與……。」這裡的道是泛指孔子教育、治國的主張。

子曰：「君子易事，而難說也，說之不以道，不說也……。」此處道是指方法。

子曰：「君子之道者三，我無能焉，仁者不憂，知者不惑，勇者不懼。」這裡的道是指標準，君子三道是指做君子的標準，與公冶長篇「君子之道四焉…」同義。

子曰：「君子謀道不謀食。耕也，餒在其中矣，學也，祿在其中矣。君子憂道不憂貧」在這裡是指學問、真理。

子曰：「道不同不相為謀。」道在這裡是指理想、主張。

我們再看看老子對道的解釋

「道之為物，惟恍為惚，惚兮恍兮，其中有象；恍兮惚兮，其中有物；窈兮冥兮，其中有精。」

「有物混成先天地生，寂兮寥兮，獨立不改，周行而不殆。可以為天下母。吾不知其名，字之曰道，強為之名曰大。大曰逝，逝曰遠，遠曰反。」

「道生一，一生二，二生三，三生萬物。萬物負陰而抱陽，沖氣以為和。」

老子的道用老子的邏輯「道可道非常道」來解釋可以說老子的道是「不可道之道」，老子之道既恍惚又不知其名，雖連起來未道實己道之，而且老子對道的解釋包括了大自然宇宙論的部份，跟孔子不語怪力亂神，未知生焉知死的人文精神是大不同的，孔子的道是講修身，是講為政，是講仁，不但提出具體的目標，而且提出可行的方法。但老子的道卻是一套天人合一的玄學，

一套可坐而言，無法起而行的玄學。在哲學上有其價值，自成體系，但與孔子之道絕不相合。

我們回頭再看中庸「天命謂之性，率性之謂道，修道之謂教。道也者，不可須臾離也；可離非道也⋯⋯喜怒哀樂之未發謂之中；發而皆中節，謂之和。中也者，天下之大本也；和也者，天下之達道也。致中和，天地位焉，萬物育焉。」

這段話如用儒家的思路，完全不可解，尤其是最後的結果，如果致中和爲什麼會「天地位焉，萬物育焉」，中、和假如是自然規律，人豈能干涉自然，假如中和是人世間事務，那麼即使不能達到致中和又豈會影響天地運轉、萬物生息。

無論從思想內容來看，從文字語意來看，「天命謂之性」這一章都非儒家思想，從儒家的立足點來看，這篇文字實都不可解。因爲這是道家的東西，從道家思想出發，天命章可能符合道家的思想，況且道家之道根本不要求你全懂所謂「無以名之」，讀道家的書順著作者的邏輯，「懂我固好」、「不懂也無所謂」、「似懂非懂亦可」，因爲老子之道只可意會不可言傳也，這豈是孔子的心法。

所以中庸是一篇混雜了大量老莊思想的僞書，非但是僞書而且是僞儒家。中庸之道與孔子之道相去甚遠。

中庸與佛

　　中庸夾雜莊、老思想，論者頗多，但是中庸內容夾雜佛學，比較不受重視，其實遠自唐代即有學者認爲中庸佛學牽扯在一塊爲的是「援釋入儒」，到了明末東林學子對理學的反省，清儒對理學的批評，論中庸帶有佛學者頗眾，但是這種議論似乎無人做有系統的研究，到了近代，從錢穆到唐君毅，到余英時，咸認爲中庸含佛老是匯通佛老，豐富了儒家的內容，或豐富了儒家「道」的內容。對前人的中庸「夾雜」佛老之說或不予理會，或予以否定；筆者憂之，茲就歷代學者對中庸夾雜佛教思想之批評做一整理，並提醒學者重新重視，重新思考此一問題。

　　由於《中庸》篇中涉及性命之理的文字不少，後代學者在解釋中庸時，往往引用佛理的道理來加以解釋，如唐代的李翱作《復性書》，目的在闡明儒家的《中庸》一書也能窮性命之道，學者無須再求之釋、莊，但他提出「滅情復性」的主張，顯然是「援釋入儒」。朱子的

〈中庸集解序〉說：「至唐李翱始知尊信其書（指《中庸》），為之論說。然其所謂滅情以復性，又雜乎佛老而言之，則亦異於曾子、子思、孟子之所傳矣。」（《朱文公文集》，卷七五）北宋時，蘇轍則逕自以《中庸》牽合釋氏，他說：「六祖所云：『不思善，不思惡』，即『喜怒哀樂之未發』也。」（《老子解》，卷一）此外，釋氏之徒，智圓自號中庸子，作《中庸子傳》；契高作《中庸解》，皆借《中庸》以闡述佛說。張九成的《中庸說》，更是佛說的化身，簡直以《中庸》為佛書矣。兩宋儒、釋人物，互相假借對方的義理來闡明自家之說，矯釋之疆界逐漸泯除。流行所謂「三教合一」之說，如方時化的《中庸點綴》、姚應仁的《大學中庸讀》、萬尙烈的《四書測》、沈守正的《四書說叢》、寇慎的《四書酌言》等，皆已出儒入釋，毫不隱諱。自唐之李翱至明末，學者引佛氏解《中庸》，使該書之本質逐漸湮沒，《中庸》是儒，或是禪，變成了一個爭議的問題。以上節錄自林慶彰清初群經辯偽。

從儒、佛學者的好尙證明《中庸》是佛學。

姚際恆以為「好禪學者必尙《中庸》。尙《中庸》者，必好禪學。」他舉例說明：『1.《禮記》漢儒所定，《中庸》在第三十一篇，自劉宋戴顒始從《記》中摘出，撰《中庸傳》二卷。考史顒《傳》云：「漢世始有佛像，

形製未工，父達善其事，顗亦參焉。」唐李綽《尚書故實》云：「佛像本外夷朴陋，人不生敬，今之藻繪雕刻，自戴顗始也。」晉、宋之世，士人競尚佛教，顗與父首為雕塑之制，蓋深信篤敬，乃能如此，其作此篇之傳，適與相符也。2.梁武帝撰《中庸疏》二卷，《私記刮旨中庸義》五卷，梁武帝之崇佛，世所共知，茲不更綴。3.唐林翶益尊信是書而論說之，創為滅情復性之說。其生平篤好禪學，《五燈》載其為鼎州刺史謁藥山問道，山答以「雲在青天水在瓶」，翶忻作禮而述偈曰：「鍊得身形似鶴形，千株松下兩函經，我來問道無餘說，雲在青天水在瓶。」周茂返受學子東林禪師，東林授以《中庸》，與言《中庸》之旨，一理中發為萬事，末復合為一理。茂返受之以授程正叔，正叔嘗言之，今章句載于篇端者是也。于是程門游、楊之徒，多為《中庸》解，朱仲晦相承以為章句，乃復抵（應作「詆」）其師說為淫於佛老，孰知典說殆有甚於游、楊之徒者哉！夫橫浦、慈湖一輩，又無論焉。4.世之學者莫不談虛理而遺實事矣！象山開其源，陽明揚其波，舉天下聰明豪傑之才咸以禪理為宗門，頓悟為心法，至於明季遂不可收拾。《考信錄卷一》5.明代相傳猶然，薛以身〈贈三峰藏詩〉云：「知君問我參同處，請看《中庸》第幾張。」羅念奄習禪學者，詩曰：「何人欲問逍遙法，為語《中庸》第一

章。」徐世溥〈與克明上人書〉曰：「三乘五車，本無二諦，若求簡盡，莫過《中庸》。」尤展成《文序》曰：「《中庸》不睹不聞，無聲無臭，尤近不二法門。」故昔人謂熟讀三十三章，已見西來大意，觀此則大概可知矣。（卷八六，頁1-2）』

《中庸》：「致中和，天地位焉，萬物育焉。」姚氏以為《中庸》作者「說大話，裝大冒頭」，其實皆禪。他的理由是：「禪則有理虛無，故可以任意極言而無礙，若吾儒則事事切實，豈可言此？言之則中和未致，天地萬物將不位不育耶？中和既致，天地萬物如何位、如何育耶？此非虛無而何？」然後姚氏舉證說：『1.《華嚴經》云：「法性徧在一切處」；《楞嚴經》云：「色身外洎，山河虛空，大地咸是妙明真心中物」；又云：「心偏十方，見十方空，如觀手中所持葉物。」此天地位注腳也。2.《楞嚴經》又云：「一切世間諸所有物，皆即菩提妙明元心，心精徧圓，含裹十方。」3.《肇經》云：「天地與我同根，萬物與我同體。」又云：「懷六合于胸中，而靈鑑有餘；鏡萬有于方寸，而其精常虛。」又云：「至人空洞無象，而萬物無非我造。」』此姚氏舉《華嚴經》、《楞嚴經》、《肇經》之言，證明《中庸》所言與其相合。

崔述也認為理學近禪：

「⋯⋯而世之學者莫不談虛理而遺事實矣！象山問其源陽明揚其波，舉天下聰明豪傑之士咸以禪理為宗門，頓悟為心法，至於明季遂不可收拾，乃世之混同朱陸與軒陸輕朱者輒謂象山高明而朱子平賢，彼象山者，吾不知其高明何在，第惡朱子平實之中未免有一二之過於高深者存也。」（崔述考證錄卷之一曾子）

戴東原也認為釋老給學術帶來災難：

聖人治天下，體民之情，遂民之欲，而王道備。人知老、莊、釋氏異於聖人，聞其無欲之說，猶未之信也；於宋儒，則信以為同於聖人。理欲之分，人人能言之。故今之治人者，視古賢聖體民之情，遂民之欲，多出於鄙細隱曲，不措諸意，不足為怪；而反其實以理也，不難舉曠世之高節，著於義而罪之。尊者以理責卑，長者以理責幼，貴者以理責賤，雖失，謂之順；卑者、幼者、賤者以理爭之，雖得，謂之逆。於是下之人不能以天下之同情、天下所同欲達之於上。上以理責其下，而在下之罪，人不勝指數。人死於法，猶有憐之者；死於理其誰憐之？嗚呼！雜乎老、釋之言以為言，其禍甚於申、韓如是也！（孟子字義疏證卷上）

清儒對理學批評氣魄最大者應屬顏習齋，顏習齋在致相鄉錢曉城書謂「僕嘗有言，訓詁、清談、禪宗、鄉愿，有一皆足以惑士誣民，宋人兼之，焉得不晦聖道，

誤蒼生至此也！」

　　習齋口中之清談、禪宗、鄉愿三者之源頭莫不來自中庸，中庸之亂儒，禍中國應列榜首，不爲過也！

　　援釋入儒幾成定論，中庸思想近乎釋老，似乎也無異議，但是這種現象是錢穆所謂的「匯通」呢？還是一種「雜蕪」呢？是提昇儒學呢？還是矮化儒學呢？我的看法絕不能僅從學術理論來觀察、評斷，應該從中國文化、歷史的發展、中國民族性的變化來做更深入的分析。

人間何事要中庸

中庸之道到底是什麼呢？坦白說我不懂，從古籍中看到許多解釋但不足令我心服，現代大師級的人物解釋中庸之道多半承續古人思維模式，甚至用古人語言，完全沒有其本人的想法，只不過是古人代言人，甚至我懷疑他自己都不知道自己在說什麼，這種解釋豈能令人心服？

現在我嘗試用現代人的、完全拋開古人羈絆、務實的，不打馬虎眼的、追根究底的態度思索一下中庸到底是什麼。

首先我們從治學方法，治學態度來討論中庸。

對科學而言，無所謂中庸，因為無論數學、物理、化學、醫學，都有一套方法，追求精確的答案，在此中庸無用武化地，科學不須中庸。

人文科學呢？無論政治、法律、社會學、心理學等等無論在東方、西方都歷經一個漫長的進化過程，實驗 —— 理論 —— 再實驗 —— 再修正理論 —— 再實驗，在不

停的實驗修正的過程，人類付出巨大的代價，以政治法律爲例，中國與西方起跑點就存在著很大的差異，中國兩千年來的政治一直停頓在秦政，法律也延續秦律，毫無進展。而西方在兩千五百多年前就有專責立法機構，其人民的權益是人民代表爭取而來的，希臘在兩千多年前其政治就歷經寡頭政治、王政、帝制。西方法政的進步是靠「貴族、公民、奴隸之間爭權」，法學家根據經驗苦思「窮理」促進西方法政理論的進步，其過程崎嶇、艱難，有很多人因此犧牲性命，西方政治、法律一點都不中庸，非但不中庸而且過程參與者十分狂狷，各持己見，各不相讓。

　　從學術的觀點，無論中庸做爲一種方法，或治學原則都不能成立，追求學術真理科學的態度要拋卻成見，要小心求證，要理論周延，要經得起實驗……這些原則那一樣跟中庸有關？

　　此外哲學、美學、音樂等等，各有各的方法，各有各的標準。近代藝術的發展汲取了科學方法，藝術家透過科學方法精準地對視學、對顏色有了更深一層的認識，音樂家透過科學對旋律、對節拍、對聽覺有更精準的掌握，在藝術的領域裡我不知道中庸之道有什麼用？有什麼存在的必要？

　　至於做人的態度，在現代社會，人際關係如此複雜，

研究做人處世之道要運用心理學等相關知識，研究人與人相處之道已經成為一獨立學問，求盡善盡美尚且不及，誰還會根據中庸之道來解決問題。

如一般薪水階級參加婚宴，赴宴者禮金兩千，攜伴者禮金三千，有深交者禮金五千到一萬，送禮講究恰到好處。每個不同的交友圈子都有其不同的標準，不合標準就是失禮，哪有什麼中庸之道？

如辦喪禮的標準應該是根據往生者的身份，莊嚴、肅穆、隆重兼顧，如經濟原因，捨掉隆重可也，這也正合於孔子所說的「與其奢也寧戚」。葬禮的考量何須乎中庸之道？

中庸之道的考量落實在現實生活上我們發覺是非常幼稚而不可行的，以送禮而論人人都有其複雜的標準，同事、同學、死黨、客戶、遠親、近親各有不同，用中庸之道於送禮一定失禮。

中庸之道在應用的範圍，我認為只侷限於亞里斯多德的反過激主義（in the means of two extremes）一般人把這句話翻成中庸之道是個錯誤，亞氏在說明中舉例如果一個人不運動就會變得虛弱沒體力，運動過度反而傷身體，一個人膽小便是懦弱，但是過於勇敢便是魯莽，此意與孔子反對「暴虎憑河」主張面對危難「必也臨事而懼謀而成之者」相同，亞里斯多德的反過激主義是在

亞氏著作中倫理學中的德行概論，其範圍限於個人修身，自我約束的範圍，不像禮記中的中庸包括了政治道德、倫理、宇宙等。

把中庸的大道理拉到現代無論治學，作人修身，我都看不出有什麼用途，以身體保養為例，每個人都是個案，一個人的運動量根據個人體質，每個人需要不同，尤其到了中老年，有的人根本不能運動，有的人非運動不可，運動要根據個人身體狀況，醫生建議，沒有所謂中庸之道。

也許有人會批評我中庸是高層次的大道理，誰叫你拿一堆雞零狗碎的例子來討論中庸。

不對，中國經書包括老莊在內，都有一個共同的終極的目標，就是鞏固王權，安定社會，儒家不是更講究「經世致用」嗎？既然講的是「經世致用」，人要透過「誠、正、修、齊、治、平」，中庸之道為什麼不能用於日常生活的小事上，這些小事不都屬於「修身」的範圍嗎？

不談小事，大事治國平天下最重要的手段是法律，黃黎州原法一文說中國之法是「一人之法」也，既是一人之法怎麼會進步，怎麼會有效率？怎麼會公平？中國法學怎會不停滯？兩千年來學者稟中庸之道，格物致知，格不出一套適合現代社會的法律。

　　民國成立，政府公布現代法律，無論法理、條文，全部來自西方，今天我們的六法全書何嘗有一點傳承了兩千多年的「大清律例」的影子？

　　中庸假如不是治學方法，其價值只不過是一種做人的態度，即使中庸只是做人的態度，即使中庸合於亞里斯多德的反過激主義，那麼中庸的價值就大大的減低，適用的範圍也縮到極小，反極端是人類共同的經驗，不吃飯會餓，吃多了會吃壞肚子，太儒弱會被人欺負，太霸道會惹人討厭，這些道理不勞聖人費心，一般凡人都會在成長過程中累積中庸的經驗，除此之外對高層級的人際關係、學術原則，中庸都無用武之地。

　　至於中庸天人合一的理論，有人認為是中國的宇宙論是匯通了釋老的形上學，但是科學發展到今天，愛因斯坦的萬有引力都被修正了，科學家對宇宙的瞭解是無論是地球，太陽系以及我們置身的銀河，甚至整個宇宙，都不是靜止不動的而是每分鐘都在擴張，每分鐘都在消耗能量，也就是說所有的星球都在一步步走向死亡。哲學家談宇宙論難道可以對科學家對宇宙的認識視而不見自說自話？今天科學家對宇宙的理解中庸對宇宙論還有什麼說服力。

　　根據以上分析，望文生義，中庸者極平凡之小道也！中庸思想非但不是儒家的，中庸思想甚至不構成一套有

系統的形上學，中庸是道學思想披上儒家外衣，宋以後又注入禪學，並且把中庸擴張解釋成升天入地無所不能的萬靈丹。

　　清儒對理學的批評「少一分程朱就多一分孔孟」，可以做爲中庸與儒家關係的總結。

中庸的怪、力、亂、神

　　我們比較孔子心目中的天、命、神、鬼與中庸大不相同，故把中庸歸類儒家作品即無法解釋其如此巨大之矛盾。從人類文明進步的歷程來看人，人對天、對大自然、對鬼神的敬畏、發展到盡人事聽天命。從天有意志、天會懲惡揚善，主人間賞罰，到天道與人道殊途，到天「不為堯存不為桀亡」，到「天地不仁以萬物為芻狗」。這都是人類思想進步的過程，東西皆然。這種進步多半來自經驗，有來自科學觀察。

　　由是觀之，孔子在他生活的時代，在文明萌芽未久的時代，孔子對天對性、命、鬼神的觀察是進步的。是科學的。

　　論語中對孔子天道、鬼、神相關的記載如下：

　　子貢曰：「夫子之文章，可得而聞也；夫子之言性與天道，不可得而聞也」論語（公孫長）

　　子曰：「天生德于予，桓魋其如予何？」（論語述而）

　　子罕言性、命，與仁。（論語子罕）

　　子畏於匡，曰：「文王即沒…天之未喪斯文也，匡人其如予何？」（論語子罕）

　　季路向事鬼神，子曰：「未能事人，焉能事鬼？」曰：「敢問死」曰：「未知生，焉知死？」（論語先進）

　　子曰：「君子有三畏：畏天命、畏大人、畏聖人之言…」（論語季氏篇）

　　從以上的記載，可知孔子不喜歡談怪、力、亂、神，不相信天主人間禍福、賞罰。故曰「天之未喪斯文也匡人其如予何？」又曰：「天生德于予桓魋其如予何」？對於天對於鬼、神孔子是抱存疑的態度，並非完全不信，故曰君子畏天命、而天命、鬼神皆無法得知，故孔子不語怪、力、亂、神，但是人的努力是可以掌握的，可以預期的，所以孔子說不「未知生焉知死，不能事人焉能事鬼。」

　　孔子對天、命、神鬼的看法是附合科學精神的，同時也代表著迷信、神權時代的尾聲，到了荀子便大刀闊斧地把人道與天道一分為二、荀子的思想是在孔子的基礎之上做了更清楚更科學地躍進了一大步。

　　中庸一書晚出，從思想史的角度來看，如果中庸是儒家弟子之作，中庸不可能不繼承孔孟荀子對天、命、神鬼的看法，更不可能從進步的科學的觀念倒退到商、

周的時代。更不可能大談孔子不語的怪、力、亂、神。

我們看中庸以下的記載：

子曰：「鬼神之為德，其盛矣乎！視之而弗見、聽之而弗聞、體物而不可遺、使天下之人、齊明盛服、以承祭祀，洋洋乎、如在其上、如在其左右。……」（中庸第十五章。）至誠之道，可以前知、國家將與必有禎祥、國家將亡、必有妖孽子見守著龜，動手四體、禍福將至、善必先知之；不善必先知之。故至誠如神。（中庸二十四章）

考諸三王而不繆、建諸天地而不悖、質諸鬼神而無疑，百世以俟聖人而不惑，質諸鬼神而無疑，知天也；百世以俟聖人而不惑，知人也。（中庸第二十九章）

以上中庸談到的鬼神、禎祥、妖孽子不就是孔子從來不談的怪、力、亂、神嗎？這豈是儒家思想，這豈是孔門心法，從思想史的發展來看，荀子在孔子對鬼神、天道的基礎上朝前邁了一大步，號稱儒家的中庸怎麼會如此怪、力、亂、神呢？其實中庸的鬼、神、禎祥、妖孽之說應該來自墨家、墨子明鬼云：「皆以疑惑鬼神之有與無之別，不明乎鬼神之能賞賢而罰暴也；今若使天下之人，偕若信鬼神之能賞賢而罰暴也，則天下豈亂哉？」

墨子非但信鬼神，同時認為天是有意志，天會職司

賞罰的，如天志云：「故天子者，天下之窮貴也，天下之窮富也，故欲富且貴者，當天意而不可不順。順天意者：兼相受、交相利、必得償；反天意者：別相惡、交相賊、必得罰：……予人不祥者，誰也？則天也，若以為天為不愛天下百姓，則何故以人與人相殺，而天予之不祥？」

至於「龜蓍」、「四體」又來自陰陽家鄒衍之「五德始終說」

綜觀中庸之內容，除有儒家思想，直接抄字語孟章句外，雜有墨家、道家、陰陽家以及西漢天人合一、天人感應之說、內容如此雜蕪、且多處與孔孟思想牴牾，顯見中庸成書最早在西漢初年，且絕不可歸類於儒學書籍，無怪乎清學者姚季恒直接稱之為「偽中庸」。偽書不足為病，但像中庸如此雜蕪不通之偽書而被儒林奉為聖經逾千年之久，誠中國文化史上之怪事也。

錢穆認為中庸之道是儒學「匯通」莊老、從先秦儒的道德形上學進入天人合一的另一格局這種說法，如錢穆大師，如何解釋中庸如此幼稚，粗鄙的怪、力、亂、神？

中庸之道其實是裁判之道？

　　前一段時間看過一篇半調子經濟學家寫的一篇有關金融風暴的文章，談到政府如何控制貨幣發行量的問題，文中談到各種貨幣理論，並談到海耶克與思格斯的爭論，洋洋灑灑長達數萬言，最後結論卻是「貨幣發行量過於緊縮會帶來蕭條，過於寬鬆會引起通貨膨脹，只有中國人的『中庸之道』最為高明……。」

　　很多人用類似理論解釋中庸之道，也有很多讀書不求甚解者也同意這種說法，其實這種說法非但理論不通而且經不起測試。因為在中國文化裡面根本沒有貨幣理論，現代國家控制貨幣發行量的因素至為複雜，西方國家對貨幣發行量的實驗也有百年以上成功跟失敗的經驗，但是總結最後的經驗卻是「貨幣發行量的修正永遠晚了一步」（always too late），因為影響貨幣發行量的原因變動無常，差之毫釐，失之千里，掌握精準非常困難。

　　對於一個在中國文化從來沒有的學問，我們對貨幣

發行的問題，「窮理」、「致知」、「學習」尚且不及，怎麼有資格評論貨幣發行問題呢？用中庸之道來評論問題，其心態有如古代縣官問案各打五十大板。

裁判是一門獨立的學問，籃球裁判不必會打籃球，但對於籃球運動的比賽規則要有充分瞭解，否則沒有資格做裁判，中國的中庸理論是一門裁判之學嗎？似乎又不是。

中庸之道在中國哲學的領域獨領風騷了那麼多年，無人敢挑戰，更無人進一步的探索，更無人做中庸之道「行」的實驗，中國的哲學早已僵化成一潭死水。爲什麼沒人嘗試用西方的、邏輯實證的標準來檢驗一下中庸呢？。

中庸假如是一種治學態度，中庸之道在中國從西漢算已經有兩千年了，從宋朝開始也已經壹千年了，中國文化沒有因中庸之道而提升，政治沒有因爲中庸之道而進步，從經世致用的觀點，早就證明中庸之道失敗了。

做裁判「中庸」沒資格，做爲治學態度「中庸」沒有成效，中庸之道有什麼值得稱道的？中國從宋後學術思想沒有太大進步，如用經世致用的標準來檢測，中國先亡於元，後亡於清，知識份子發展出理學而兩度亡於異族，做爲理學核心思維的中庸之道有什麼「業績」可言呢？

中庸之道是一種做裁判的態度，以各打五十大板為最高指導原則，但是主張中庸的學者沒資格做裁判，因為他們不懂遊戲規則。

假如把中庸之道歸類形上學、哲學，那麼中庸是應歸類於道家的神秘主義，自然主義，與儒家無涉，儒家也不必為中庸背責任。

假如中庸歸類儒家那麼一定要以儒家經世致用的標準來看中庸。但是中庸之道在應用方面，是經不起考驗的。如果把貨幣發行的問題交給一個沒有經濟學知識的儒者去處理，那保證天下大亂，非但在現代，即使在古代中庸之道在學術上的表現也是經不起審查的，中庸之道在學術上的表現正如清儒顏習齋對理學的批評。「**心中惺覺，口中講說，紙上敷衍，不由身習，皆無用。**」（**存學篇**）

至於中庸對做人的影響，那就更可怕，因為中庸之道影響了整個中國人的民族性，而且全是負面的，中國人之黨同伐異鄉愿，馬虎，無是無非的民族性都與中庸之道有關，中國人紙上說教是一套，但是教育子女，哪個父母不是訓戒子女要「不吃眼前虧」、「明哲保身」呢？誰會勸子女「當仁不讓於師」呢？

中庸對中國民族性的影響，幾乎全是負面的。

中庸的功利思想

　　中庸內容駁雜，絕不是程朱所謂的孔門心法，也不是錢穆或新儒家所謂「匯通」了釋老。中庸內容的駁雜是驚人的，從中庸第十七章、第十八章的內容竟是大談功名利祿，與儒家的精神絕不相合，茲抄錄第十七章、十八章文字如下：

第十七章：

　　子曰：「舜其大孝也與！德為聖人，尊為天子，富有四海之內；宗廟饗之，子孫保之。故大德，必得其位，必得其祿，必得其名，必得其壽。故天之生物，必因其材而篤焉，故栽者培之，傾者覆之。《詩》曰：『嘉樂君子，憲憲今德，宜民宜人，受祿于天；保佑命之，自天申之。』故大德者必受命。」

第十八章：

　　子曰：「無憂者，其惟文王乎！以王季為父，以武王為子；父作之，子述之。武王纘大王、王季、

> 文王之緒，壹戎衣而有天下，身不失天下之顯
> 名，尊為天子，富有四海之內；宗廟饗之，子孫
> 保之。武王末受命，周公成文武之德，追王大王、
> 王季，上祀先公以天子之禮。斯禮也，達乎諸侯、
> 大夫及士、庶人。父為大夫，子為士；葬以大夫，
> 祭以士。父為士，子為大夫，葬以士，祭以大夫。
> 期之喪，達乎大夫；三年之喪，達乎天子；父母
> 之喪，無貴賤一也。」

　　兩章都提到「尊為天子，富有四海之內。」又提到
「宗廟饗之，子孫保之。」雖然此兩章中之大前題是舜
與文王皆是有德之人故有此報，但是這種功名利祿思想
不但先秦諸子沒有這種想法，而且在世界思想史中也是
罕見。古文明無論東西，莫不視金錢為追求德行的障礙。
哲學家無論東西，莫不鼓勵追求道德人格上的提昇而不
鼓勵追求世俗的名譽財富，一直到基督教宗教革命後，
新教才產生鼓勵追求世俗名利以榮耀上帝的觀念。但是
新教的主張包括了以「成功」榮耀上帝，所得「財富」
不可僅用於個人享受等系一完整的思想體系與中庸的功
利思想不同。

　　我們看孔子對富貴功利的看法：

　　子曰：「君子食無求飽，居無求安，敬于事而慎于
言，就有道而正焉，可謂好學也。」（論語學而）

子曰：「士志於道而恥惡衣惡食者，未足與議也。」
（里仁）

子曰：「君子喻于義，小人喻于利。」（里仁）

子曰：「賢哉，回也！一簞食，一瓢飲，在陋巷，
人不堪其憂，回也不改其樂，賢哉，回也！」（雍也）

子曰：「不義而富且貴於我如浮雲。」（述而）

子曰：「富與貴，人之所欲也，不以其道得之不處
也，貧與賤，人之所惡也，不以其道得之不去也……」
（里仁）

以上很清楚地知道孔子不反對富貴，但要得之有
道，不義而來的富貴有如浮雲，但孔子更鼓勵弟子追求
德行、學問等精神層次的目標，讚美不恥惡衣惡食的顏
回。

或許有人說這是針對庶民百姓的標準，中庸談到的
是君王的標準，我們再看孔子對君王的標準：

子曰：「巍巍乎！舜禹之有天下也，而不與焉。」
（泰伯）

子曰：「大哉堯之為君也，禹、吾無間然矣，菲飲
食，而致孝乎鬼神，惡衣服，而致美乎黻冕，卑宮室，
而盡力乎溝洫，禹吾無間然矣。」（泰伯）

以上是孔子對君王的標準，舜禹有天下而不以此為
榮、為傲（而不與焉），禹卑宮室而盡力做好農田水利。

孔子對君王讚美他們的政績、品德、儉樸。從來沒有羨慕他們的地位與財富。

孔子讚美君王儉樸、愛民，隱然有爲民公僕的意含，更讚美舜禹有天下而不自以爲尊貴、而快樂、而得意。在在都證明孔子對財富、權位的態度與中庸的功利思想大不相同。

至於孟子強調義利之辯，輕視一切俗世的榮華富貴，而且認爲民爲貴、君爲輕、社稷次之，孟子對君王權貴的態度是專挑君王權貴的毛病，說大人則藐之，並且認爲孔子是聖之時者，比任何君王都偉大，我們看以下的章句：

可以仕則仕，可以止則止，可以久則久，可以速則速，孔子也。皆古聖人也，吾未能有行焉；乃所願，則學孔子也。（公孫丑上）

曰：「否；自有生民以來，未有孔子也。」（公孫丑上）

孟子曰：「伯夷，聖之清者也；伊尹，聖之任者也；柳下惠，聖之和者也；孔子，聖之時者也。孔子之謂集大成。」（萬章篇下）

孟子曰：「君子有三樂，而王天下不與存焉。父母俱存，兄弟無故，一樂也；仰不愧於天，俯不怍于人，二樂也；得天下英才而教育之，三樂也，君子有三樂，

而王天下不與存焉。」（盡心篇上）

　　孟子的民本思想，孟子的重義輕利，孟子對孔子的尊敬，孟子屢勸君王與民同樂，種種資料顯示孟子重仁義輕功利的儒家本質，對君王地位、責任也繼承了傳統君王受命於天，行仁政爲民服務的理論，一點都不覺得君王有什麼了不起的尊貴。

　　無論孔孟或其他先秦諸子對君王、對財富、對學問、對德行的觀念都很近似，差異並不大，對照中庸的「尊爲天子，富有四海。」中庸之低俗由此可判。

世間何處不中庸

中庸到底是什麼意思，坦白說我不懂，從論語、孟子中提到中庸的幾句話無論用儒家義理的、孔孟思想脈絡的方向去瞭解都不能確定中庸到底什麼意思、用西方邏輯的，語意學的方法去分析中庸，中庸之真意更不可解。

程朱對中庸的解釋完全是自說自話，把中庸的雜蕪、玄談跟語孟硬生生「牽合」在一起，把中庸理論不周延之處任意「彌縫」，使之表面完整，對中庸與語孟之矛盾處卻視而不見。

程朱的解釋不能令我心服。近代儒家從錢穆到勞思光、唐君毅、牟宗三、徐復觀他們對中庸的詮釋無論錢穆的滙通莊老說或徐復觀的中庸系進一步解答論語遺留下來的問題（中國人性論史）發展論語天道性命關係說或勞思光先生的儒道混合而成爲「宇宙論中心之哲學」說、或唐君毅所謂中庸是對莊荀之學的「回應」說。這些說法有越說越玄，但是所有說法都不足以服人。

　　近代儒者對中庸的詮釋基本問題是用更玄虛的語言加上西方哲學的詞彙如本體論、宇宙論把中庸解釋的更支離破碎，上述幾位大師級的學者都有西方邏輯學的基本訓練如用邏輯學的角度解釋中庸章句，中庸文詞多不合邏輯，如以語意學來剖析，中庸章句又多不可解。

　　從義理及思想脈絡的角度又不處理中庸與語孟之間的矛盾。

　　「牽合」未嘗不可，但要經過梳理、揉合、理論化，否則便是雜蕪，「彌縫」也無不可，但是如果縫太大了，根本猜不出原來的真面貌，那縫如何「彌法」，「彌」了半天自說自話而已，自說自話未嘗不可，但須言之成理才能服人。

　　一個考古學家發現了一堆陶甕的碎片、可以把破碎處粘合，缺漏部份根據那個時代的形制，對缺漏之處進行假設性的或補縫或再製，以求恢復完整之原貌。如根據甕首部碎片及底部碎片以測其高度，甕肚部份碎片以測其弧度等。這堆陶片便是廢物。因為誰也猜不出原貌。

　　今天禮記中庸本身一堆大話，把中庸說得升天入地，無所不包，無所不能，但是僅「中庸」二字、無論從說文、從訓詁、從語、孟都不到答案；如果從打破沙鍋問到底的態度想去了解「中庸」二字、「中庸」真意實不可解。解釋中庸者無論古今文學者，如同拿了一片

或兩片陶器碎片、實無從得知原器其爲陶甕、陶罐、陶碗、陶瓶。何也？碎片太少了，無法窺知全貌，中庸二字不可解者類此。

今之學者解釋中庸多根據程朱，但是程朱手中的碎片 —— 中庸的資料跟我們手上的資料是一樣多，程朱對中庸的解釋完全不根據史料，也不根據孔孟的思想脈絡，我們爲什麼要相信程朱的話呢？

程朱要建立自己的哲學體系我們沒話說，但是程朱硬說中庸是儒學真傳孔氏心法，我們就不敢苟同。中庸的大話空話，玄虛姑且不談，如何解釋中庸的「前知」（預言）中庸的不思而得、不學而知，中庸低俗的功名利祿及怪力亂神等與孔孟截然不同之處呢？

從語意學義素的概念，並以程朱對中庸的詮釋，我們可以進行這樣的分析：

假如不偏不倚謂之「中」，如果中是指做人的態度，那麼中可不可以解釋或「公正」、「公平」、「理性」、「不偏激」呢？

「中」如果是指做學問的態度，那麼我們更不可以把「中」解釋成「正確」、「合理」甚至「真理」？

假如「中」在做人的態度上公正、公平、理性、不偏激，在做學問的態度上追求正確、合理、真理。

那麼請問以上的原則那一個文明會反對呢？那一個

文明會主張不公、不義、偏激而不理性。問題是那一個
文明無論是古希臘的多神、基督教上帝對子民的博愛、
佛教的眾生平等，印度教的階級觀念，他們都不會認為
自己的主張是不公、不義、偏激而不理性。

　　問題在每個文明對合理、不偏激都有自己不同的標
準。如何教人達到這個標準。有主張勤學者，有主張苦
修者，有主張頓悟者，有主張靜坐者亦各有不同。

　　禮記中庸如果從以上的思維推演下來的一個重要結
論就是中庸的道理說了等於沒說，中庸的內容貧乏，只
是提出一個目標，目標是什麼，不清楚，實踐這個目標
的具體方法不清楚。說來說去只是那句「如果百發百中
就是神槍手」。

　　百發百中當然是神槍手，但是在人生問題上從「精」
從「微」怎麼做才合乎中，如之何才會百發百中。如以
理學家格物的精神去鑽研，恐怕窮一生之力對君臣之間
的問題都無法解決。其他都提不出任何具體的主張。至
於對律法、田賦、財稅、兵制等絕對以中庸的態度「格」
不出任何具體的辦法，「中庸」之道大行數百年之久，
至今尚有影響力，但中庸盛行至今在學術上我們拿不出
成績單，在政治上兩度亡國。民國以來我們的政治、法
律、經濟等無不學自西方。但是我們的民族性亦然傳承
明哲保身，黨同伐異，缺少是非之心，缺少正義感。龜

縮，鄉愿、圓滑是華人世界的共同族群性格。凡此種種中庸皆為禍首也！不徹底消滅中庸之道，中華文明不會提昇的。

第 五 篇

中庸研究參考書節錄說明

　　筆者苦思中庸之道逾三十年，結論是中庸之道是：

　　　和稀泥之道也

　　　鄉愿之道也

　　　裁判之道也

　　　說了等於沒說之道也

　　　各打五十大板之道也

　　這是我苦思三十年的結果，垂暮之年提筆爲文，友
人聞之多驚駭莫名。

　　「中庸之道是中國文化的精華」、「是儒家的精華」、
「亞里斯多德主張中庸之道」、「錢穆、牟宗三、余英
時都主張中庸之道」

　　我感謝這些批評，使我思考問題更深入、更周密。
但是我也驚訝爲什麼沒有人懷疑禮記中庸這種三流的僞

書。中庸在學術界勢力如此之大，無人敢捋虎鬚，對一般華人而言，中庸之道是做人最高指導原則。

但是一個學說不能只看理論，我們從民族性的角度來觀察，我們的民族性格從宋元明清一直到今天，我們是太偏激了呢？還是太圓滑了呢？是太狂狷了呢？還是太鄉愿了呢？

一直到今天兩岸華人社會的黨同伐異、無是無非、明哲保身，所有的族群特色可以證明我們不須要中庸了，中國人中庸幾千年了，中國民族從來不缺中庸，我們缺少的是是非分明，嫉惡如仇，剛正不阿的豪傑性格，道德倫理學對一個民族而言是要正確了解一個民族性格的優點、缺點。中庸之道恰恰是把我們民族的缺點當優點來表述、來歌頌，這不是顛倒黑白嗎？

但是從東林諸子撻伐理學到清儒反禮記、反大學中庸，這種覺醒怎麼中斷了呢？

如今中庸觀念對國人影響之大甚至超過前清，民國以來幾乎看不到重量級的人物質疑或反對中庸之道。

國人不敢對中庸質疑原因之一是聽不到質疑的聲音，看不到任何質疑的資料。為此我特別選了陳乾初、崔述、姚際恆等學者有關中庸的文章節錄附之篇末以供讀者參考，如此可以省去有興趣的研究者很多時間。

中庸之道伴隨國府在台的文化復興運動而再度大

盛，而東林對禮記的質疑，顏李、陳乾初、崔述、姚際恆之書籍又不流行於坊間，學子無從知之也！

我之花那麼多力氣研究中庸，其動機有如東林學者劉靜之曰「三代以上黑白自分，是非自明，後世以是為非，指醉為醒，倒置已極，君子欲救其弊，不得不矯枉，蓋以不平求平，更深於平者也。」讀者必可從附參考書節錄篇章得知許多明清學者對中庸的不同意見。

清　陳乾初　大學辨

別集卷十四

大學辨_{甲午六月三日作}

陳確氏曰：大學首章，非聖經也。其傳十章，非賢傳也。程子曰「大學，孔氏之遺書」，而未始質言孔子。朱子則曰：「右經一章，蓋夫子之意，而曾子述之；其傳十章，則曾子之意，而門人記之也。」古書「蓋」字，皆作疑詞。朱子對或人之問，亦云「無他左驗」，且意其或出於古昔先民之言也，故疑之而不敢質，以自釋「蓋」字之義。程、朱之說如此，而後人直奉爲聖經，固已漸倍於程、朱矣。雖然，則程、朱之於大學，恐亦有惑焉而未之察也。大學，其言似聖而其旨實竄於禪，其詞游而無根，其趨罔而終困，支離虛誕，此游、夏之徒所不道，決非秦以前儒者所作可知。苟終信爲孔、曾之書，則誣往聖，誤來學，其害有莫可終窮者，若之何無辨！

客曰：若此，則程、朱之誤，甚矣。以程、朱之賢，而暴其誤，可乎？

曰：君子固可欺。程、朱之誤，君子之過也。夫君子未嘗無過，孔子嘗信宰予之言，程、朱偶惑大學之說。程、朱之賢，如日月之經天，大學之誤，如雲翳之虧蔽，於程、朱奚損焉！而終覆之，損程、朱乃大耳。故敢卒辨之。

辨曰：首言「大學」云者，非知道者之言也。子言之矣：「下學而上達。」夫學，何大小之有！大學、小學，僅見王制，亦讀「太」。作大學者，疑即本此，亦猶宋人之作小學也云耳。雖然，吾又烏知小學之非即大學也？吾又烏知小學之不更勝大學也？夫道，一而已矣。古【拜經樓抄本作「故」】易稱蒙養即聖功。古人爲學，自少至老，只是一路，所以有成。今迺別之爲大學，而若將有所待也，則亦終於有待而已矣。古學之不可復，其以此也。

其曰「在明明德，在親民，在止於至善」者，皆非知道者之言也。三言皆脫胎帝典。帝典自「克明峻德」，至「黎民於變時雍」，凡七句，此以三言括之，似益簡切，而不自知其倍也。新民即在明德之中，至善又即在明親之中，故帝典「克明」句下貫一「以」字，便文理燦然；而此下三「在」字若三事然，則不通矣。古人之

學雖不離乎明，而未嘗專言明。推之易、詩、畫可見，惡其逃於虛焉故也。而大學首言「明明」，固已倍矣。且古之君子，非有所親疏於民也；而有以民飢民溺爲己責者，有以一夫不被澤爲恥者，又有簞瓢陋巷以自樂者，而其道則靡不同。此古人之學，所以能善因乎時【拜經樓抄本下有「乎」字】勢而莫之有執也。今使推高禹、稷、尹爲大人之學，而貶絕顏子爲小人之學，則可笑矣。故君子之學不言新民而新民在，言新民而新民【經樓抄本下有「或」字】反不在。亦猶吾向之論學也，不言大而大見，言大而大或不見也。

　　至善，未易言也；止至善，尤未易言也。古之君子，亦知有學焉而已。善之未至，既欲止而不敢；善之已至，尤欲止而不能。夫學，何盡之有！有【科經樓抄本不重「有」字】善之中又有善焉，至善之中又有至善焉，固非若邦畿丘隅之可以息而止之【拜經樓抄本作「者」】也。而傳引之，固矣。故明、新、至善之言，皆末學之夸詞，僞士之膚說也。而又曰「知止」云云者，則愈誣矣。辟適遠者未啓行，而遙望逆旅以自慰曰「吾已知所稅駕也」，知止則知止矣，而止故未有日矣。故末至而知止，如弗知而已，而何遽定、靜、安、慮、得之可易言乎？且吾不知其所謂知止者，謂一知無復知者耶，抑一事有一事之知止，事事有事事之知止；一時有一時之知止，時時有時

時之知止者耶？如其然也，則今日而知止，則自今日而後，而定、靜、安、慮、得之無不能，不待言也。脫他日又有所爲知止焉，則他日之知，非即今日之所未知乎？是定、靜、安、慮、得之中，而又紛然有所爲未定、靜、安、慮、得者存，斯旨之難通，固已不待其辭之畢矣。<u>大學</u>之所謂知止，必不然也。必也，其一知無復知者也。一知無復知，惟禪學之誕有之，聖學則無是也。

　　君子之於學也，終身焉而已。則其于知也。亦終身焉而已。故今日有今日之至善，明日又有明日之至善，非吾能素知之也，又非可以一概而知也，又非吾之聰明知識可以臆而盡之也。清心寡欲，兢兢焉，業業焉，勤諮而審察焉，而僅而知之耳。而猶懼有失也，稍怠肆焉，蔑勿憯矣。是故以堯、舜之神焉而猶病，文王之聖焉而「視民如傷，望道而未之見」。此二帝一王者，豈故爲此虛懷，以示宏廣云爾哉！所謂猶病，則真猶病；所謂如傷，未見則真如傷、未見也。天下之理無窮，一人之心有限，而傲然自信，以爲吾無遺知焉者，則必天下之大妄人矣，又安所得一旦貫通而釋然於天下之事之理之日也哉！

　　舜之問察，終身以之，故曰「自耕稼陶漁以至爲帝，無非取于人者」。使舜既知之，而又好問察焉，則是舜之僞也。夫舜之非僞，則雖確之愚蒙，有以知其必然也。

然而問察無已,則是雖大聖人之智,而果無一知無復知之日也,而又誰欺乎?故曰:「及其至也,雖聖人亦有【拜經樓抄本下有「所」字】不知焉。」聖人有不知,不害其爲聖人也;以不知爲知,斯下愚之甚者矣。「及其至也,雖聖人亦有所不能焉」。聖人有不能,不害其爲聖人也,以不能爲能,斯不肖之尤者矣。「天地之大也,人猶有所憾」。人猶有憾,不害爲天地之大也;以有憾爲無憾,斯誣天地之至者也,君子之於道也「亦學之不已而已,而奚以夸誕爲哉!學之不已,終將有獲,而不可以豫期其效。豫期其效以求知,則浮僞滋甚。今即所謂知止者真知止矣,然猶知之而已耳,於道浩乎其未有至也。而遽歆之以定、靜、安、慮、得之效,長夸心而墮實行,必此焉始矣。禪家之求頓悟,正由斯蔽也,而不可不察也。

其曰「古之欲明明德于天下」云云者,尤非知道者之言也。古人之慎脩其身也,非有所爲而爲之也,而家以之齊,而國以之治,而天下以之平,則固非吾意之所敢必矣。孟子之釋恆言,提一「本」字,何等渾融!大學紛紛曰「欲」曰「先」,悉是私僞,何得云誠!寧古人之學之多夾雜迺爾乎!聖人之言之甚鄙倍迺爾乎!

至「正心」以往,益加舛謬。既言「正心」,不當復言誠意。既先誠、正,何得又先格、致?夫心之與意,

固若此其二乎？故大學之所爲誠者非誠也。凡言誠者，多【拜經樓抄本作「皆」】兼內外言。中庸言誠身，不言誠意。誠只在意，即是不誠。朱子之解「誠意」曰：「實其心之所發。」心之所發者，欲正也，欲脩也，欲齊、治、平也。而苟有未正、未脩、未齊治平焉者，則是心之所發猶虛而不實也，而何以謂之誠乎？故曰「誠者非自成己而已也，所以成物也」，又曰「反身而誠，樂莫大焉」，並兼物言。是故言誠可不更言正、脩、齊、治、平，而分別若此者，則是所謂誠者非誠，所謂正者非正，所謂脩者非脩也。而所謂致知、格物【拜經樓抄本下有「云」字】者，非即以吾心致之，吾心格之乎？心者，身之主也。存心公恕，夫後能知己之過，知物之情。知己之過，故脩之而無勿至；知物之情，故齊、治、平之可以一貫也。今不先求之正心，而欲徐俟之格致之後；正所謂「倒持太阿，授人以柄」，鮮不殆矣。心之不正，必且以未致爲已致，未格爲已格，又孰從而定之？傳不云乎：「心不在焉，視而弗見，聽而不聞，食而不知其味。」而況能致知格物云爾乎？嗚呼！其亦勿思而已矣。

「正」亦可釋「敬」，易「君子敬以直內」是也。心惟敬，故致知而無不致，格物而無不格。山陰先生曰：「主敬之外，更無窮理。」至哉師言！程子亦曰「入道莫若敬」，又曰「未有致知而不在敬者」，則固已知正

心之先於格致矣。又曰「致知存乎所養，養知莫善於寡欲」，非正心乎？而大學之序如彼，而曾不疑其罔，則固非碻之所能解矣。故程子之言主敬也，陽明之言致良知也，山陰先生之言慎獨也，一也，皆聖人之道也，無勿合也；而以之說大學，則斷斷不可合。欲合之而不可合，則不得不各變其說。各變其說，而於大學之解愈不可合。不可合于大學之解，而又未始不可合於聖人之道，則諸儒之言，固無有勿合也。而有勿合者，徒以大學之故而已矣。

孟子曰：「心之所同然者，理也，義也。」象山曰：「千百世之聖人，此心同，此理同也。」吾友張考夫氏曰：「惟理，不可損也，不可益也。」今獨格致之說言人人殊，雖以朱子之尊信程子。而補傳之不能無異同於程子已如此矣，況後儒乎！山陰先生稱「前後言格致者七十有二家，說非不備也，求其言之可以碻然俟聖人而不惑者，吾未之見」。何則？惟大學之誣而不可以理求焉故也。是故以諸儒之言合之聖人之道，則無不合；合之大學之說，則必無合。豈惟諸儒之必無合，將歷千秋萬世之久而終莫之合也。莫之合而又莫不求其合，猶之合儒于佛于老，而曰「三教無不合」也。夫合則無不合矣，而誣已甚矣。蓋大學言知不言行，必爲禪學無疑。雖曰親民，曰齊、治、平，若且內外交脩者，竝是裝排

不根之言。其精思所注，只在「致知」、「知止」等字，竟是空寂之學。書有之：「知之非艱，行之惟艱。」大學之意，若曰「行之非艱，知之惟艱」。玩「知止」四節文氣，不其然乎？聖學之不明，必由于此。故大學廢則聖道自明，大學行則聖道不明，關係儒教甚鉅，不敢不爭，非好辨也。

至複說「物格」一節，詞益支蔓。蔣書升云：「使我學子作時文若此，猶惡其蕪而削之矣，曾聖經而然乎？」予甚韙其語。其「本亂」一節，文勢亦同。此竝是後儒靡靡之習，聖言無是也。知聖經之非聖，則賢傳之非賢，不待言矣。

客曰：子之辨誠快矣。雖然，亦有本乎？

曰：程子之聖是書也，亦有本乎？抑余則有本矣。大學兩引夫子之言，則自「於止」、「聽訟」兩節而外，皆非夫子之言可知；一引曾子之言，則自「十目」一節而外，皆非曾子之言可知。由是觀之，雖作大學者絕未有一言竊附孔、曾，而自漢有戴記，至於宋千有餘年間，亦絕未有一人焉【拜經樓抄本無「焉」字】謂是孔、曾之書焉者，謂是千有餘年中無一學人焉，吾不信也。而自程、朱二子表章大學以來，至於今五百餘年中，又絕未有一人謂非孔、曾之書焉者，謂是五百餘年無一非學人焉，吾益不信也。嗟乎！學者之信耳而不信心，已見於前事

矣，而又奚本之足據乎！

故君子之聽言也，不惟其人，惟其言。使其言是，雖愚夫之言，其能不聽？【原重「使其言是」以下十三字，依各本刪。】使其言非，雖賢者之言其能不疑？向使確幸得親承孔、曾之教，而於心有未安，猶當辨而正之。況如大學之說之甚倍于孔、曾者，而欲使確終信而不疑，則確無人心者而後可，而確則安敢以自昧也？故陽明先生之言致良知也，山陰先生之言慎獨也，以疏「格致」而非以疏「格致」也，皆以吾學之所得而救大學之敝焉云耳；而救之而無可救，勿如黜之而已矣。學者言道，不苟為異，亦不苟為同，而惟中之從。故水火非相戾也，而相濟也。堯用四凶，舜皆誅之，不為畔堯；春秋善五伯，孟子黜之，不為畔孔子。程、朱表章大學，後人駁之，豈為畔程、朱哉！使程、朱而可作也，知其不予咈也已。吾信諸心而已；亦勿【拜經樓抄本作「非」】敢信諸心，信諸理而已。雖然，心非吾一人之心，理非吾一人之理也，吾其又敢以吾之說為必無疑于天下後世哉！其敬以俟之知道者，而確之罪已莫逭矣。予懼以沒世已矣。

附：書大學辨後戊戌【海昌叢載作「大學辨序」。按：大學辨全文之後，另有書大學辨後一文，此篇似以作「大學辨序」為是。】

家有老親，未遑遠駕，將事之暇，偶及遺編，不意徧心，漸【叢載作「遂」】成臆見。竊欲還學、庸於戴記，

刪性理之支言，琢磨程、朱，光復孔、孟，出學人於重
圍之內，收良心於久【叢載作「見」】錮之餘，庶無忝於所
生，差有辭於後死云耳。【海昌叢載下有「順治戊戌」四字】

答格致誠正問

客曰：大學先誠於正，子欲先正於誠，大學先格致，
子欲先正心，不已悖乎？

曰：吾之先正於誠也，蓋欲合意於心，而統誠於身
焉耳。分意于心，則支甚矣；先誠于正，則舛甚矣。此
大學之蔽也。夫誠是到頭學問，而正為先端趨向，先後
之勢，相去遠甚，何待辨乎？若乃正心之於格致，則正
心為指南之鍼，格致乃辨方之盤，鍼搖不定，雖盤星燦
然，度分刻畫又安所取正乎？故學莫先定志，志為聖賢，
而後有聖賢之學問可言。格物致知，猶言乎學問云耳。
故曰：志于功名者，富貴不足以移之；志于道德者，功
名不足以移之。故志於富貴，則所格所致皆富貴邊事矣；
志于功名，則所格所致皆功名邊事矣；志於道德，則所
格所致皆道德邊事矣。此非格致之異，而吾心之異焉也。
故子曰「吾十有五而志於學」，志於聖人之學也。此學
莫先正心之一大公案也。

至夫格致工夫，直與學相終始。幼不可不格致也，
壯不可不格致也，老不可不格致也。奈何提作一截工夫，
而謂是大學之始事乎？舜之好問，自耕稼陶漁以至為

帝，未之有改；武公之好學，耄期不倦，曰「無舍我」。古人之事格致如此其無窮也。而一旦截爲始事，勢不得不姑置躬脩，而爭求徹悟，雖欲不禪，不可得矣。

至朱子之所謂「一旦豁然」，去禪彌近。夫朱子豈以曾子唯一貫之呼實有類于此而云然乎？不知曾子之唯一貫在正心脩身之後，而非在格物致知之後者也。使僅在格物致知之後，則猶是浮情浮識，而聖賢之一呼一唯皆爲盤設矣。若乃既唯之後，正須格致。道雖一貫，而理有萬殊；教學相長，未有窮盡。學者用功，知行竝進。故知無窮，行亦無窮；行無窮，知愈無窮。先後之間，如環無端，故足貴也。如朱子之說，則夫子一呼之後，無可復教；而曾子一唯之後，無可復學矣。豈理也哉！

夫以子之天縱，加以好學之勤，格致之功宜不越數年可了，誠正之效旦夕即見。然猶三十而始立耳，未免于惑也；四十而不惑，未可謂知也；五十而知天命，知矣，未可謂知之至也；至六十而後心與理相化，不煩思索矣，耳順矣，知之至矣；至七十而後欲與理相化，不煩克治矣，從心所欲不踰矩矣，誠之至矣。夫惡知不思之思有深于思者矣！不治之治有深于治者矣！故忘食忘憂，不知老至之懷，則終其身如一日爲耳矣。誰謂不踰之後而遂可忘學乎哉！

今由夫子之言觀之，正先誠乎，誠先正乎？正心之

先格致乎，格致之先正心乎，孰爲知止之年，孰爲定靜
之候乎？謂之惑知命爲知止乎，否乎？謂立爲定靜安
乎，否乎？朱子註謂「定爲心有所定向」，則定乃是志
學之日乎？則知止又當在志學之前，格致又當在志學知
止之前。而如程子謂「今日格一物，明日格一物」，少
須得十數年工夫，則格致之功，竟當在嬰抱時，豈得爲
大人之學？而所謂知命、不惑者，又有在格致之外者耶？
與大學之序，直無一語不悖矣。

　　夫以子之自敘，宜若可信矣；其爲學先後之次，宜
不誣矣。顧曾一不足憑，而獨取無名氏之書而表章之，
以爲得爲學之序而升諸四書之首，則大學之畔聖離經，
固作者之戾，抑亦述者之闇矣。

　　答唯問

　　或問：曾子之唯，雖在正脩之後，然向未解一貫之
道，今忽解得，亦是一旦豁然之境矣。朱子之言何病，
而謂其去禪彌近乎？

　　曰：子既知唯在正脩之後，則朱子之言固有病矣。
且子以曾子之唯爲一旦豁然，則必以顏子之喟爲一旦茫
然矣，而可乎？子曰「吾與回言終日不違」，曰：「於
吾言無所不悅」，曰「語之而不惰」，則顏子於夫子之
言，夫固無時而不唯也。所謂豁然貫通者，豈直一旦而
已哉！而終之以喟然之嘆，夫後知向之所灼然見爲是道

者，固猶有未盡也。

道體本無窮盡，故須臾不可忘戒懼。須臾不可忘戒懼，即是聖學。孔門惟顏子之學能及此，故稱「三月不違」。堯、舜之猶病，文王之望道未見，皆是爲前聖傳神語。曾子末後，已見得到此，故曰：「而今而後，吾知免夫！」蓋謂戰兢之無時可已，惟死而後免耳，非謂能免於過咎也。故道無盡，知亦無盡。今日「於衆物之表裏精粗無不到，而吾心之全體大用無不明」，是何等語？非禪門之所謂了悟，即中庸之所謂予知耳，病孰甚焉！或者朱子之學，又遠出堯、舜、文王之上，則吾有所不敢知。若猶未也，將終其身望彌高彌堅、欲從末由之境界，尙未可得，而況猶病未見之聖而易及者乎？而顧可少之乎？

辨迹補

確與友人書辨大學，嘗有迹，理之說。謂以迹則顯然非聖經也，以理則純乎背聖經也。顧理細難明，迹粗易見。確辨理之言，已溢簡牘，同學尙未深曉。其辨迹，則惟曰：「大學兩引夫子之言，一引曾子之言；則自『於止』『聽訟』二段文外，皆非夫子之言可知；自『十目』一節外，皆非曾子之言可知。」又曰：「自漢有戴記，至於宋千五百餘年間，眞儒輩出，絕未有以大學爲聖經者。韓子原道引其文，亦止稱傳；惟伊川獨臆爲孔氏遺

書，而未敢質言孔子。朱子亦云『無他左驗』，意其或出古昔先民之言也，故疑之而不敢質，以自釋『蓋』字之義。則大學之非確然聖經可知矣。」蓋自宋仁宗特簡中庸、大學篇賜兩新第，上有好者，下必有甚焉，學者輒相增加附會，致美其稱，非有實也。

確既深憂其說之近禪，乖違正學，又顯據其迹，非聖無疑，故每不自量度，曉曉致詞。而友人之深愛不肖者，動色相戒，或擬之介甫之廢春秋，意者非稱情之論乎？

春秋正王事之書，大義凜然，豈大學之膚繆可比？商詩、偃禮，竝擅能家，至於春秋筆削之間，游、夏莫贊。故夫子曰：「其義則丘竊取之矣。」故曰：「知我者惟春秋，罪我者惟春秋。」斯其志良苦矣。故曰：「吾志在春秋。」孟子曰：「詩亡然後春秋作。」又曰：「孔子懼，作春秋，春秋作而亂臣賊子懼。」孔、孟之言春秋，不一而足，而未嘗一及所謂大學也。非惟春秋為然也。即其所嘗刪定易、詩、書、禮、樂，於二十篇之中，皆三致意焉。曰「小子何莫學夫詩」；曰「汝為周南、召南矣乎」；曰「學詩乎，學禮乎」；曰「興于詩，立於禮，成於樂」；曰「假我數年，五十學易」；曰「吾自衞反魯，然後樂正」。子所雅言，詩、書、執禮，而絕不及大學，何也？即中庸一書，世儒皆言是子思所作，

吾亦未知其真偽如何。然「中庸」二字，夫子亦每言之，而獨不及大學，何也？豈孔、孟諸弟之賢皆未足以語此乎？抑諸賢已皆默喻而無俟提撕者耶？如樊遲之徒，於仁智之說似皆可曉然篤信而力行之者，猶再三疑問不已，而於格致之說則獨有冥契者耶？

　　「大學」字最不經。子曰「下學而上達」，又曰「蒙以養正，聖功也」，惡小大之可分？傳稱「十五入大學」，蓋例夫子十五志學之言而云，亦謂弟子所隸之學，非學問之學也，當讀「泰」。後儒罔識，附會成書，固已悖矣。宋儒又補小學，即同漢儒之作大學。而大學文絕浮誕，更下中庸數等。古人置其篇於深衣、投壺之後，當有見。大學來歷，昭然甚明。而吾友至比之春秋，過矣。家語、孝經，朱子猶疑其偽，學者不敢以朱子之說為非，況大學之顯然非聖經者哉！且駁歸戴記，猶是以大學還大學，未失六經之一也。而遽例以廢經，尤失情實。

　　故曰大學辨為明理之書，則吾猶慚懼，不敢自居；若以迹，則固有可言者，吾亦未敢遽自誣服。謂當與廢春秋之介甫同罪而共誅之也，某則以朱子之進偽經與介甫之廢真經正同一律，而反以加信古之確，何耶？

　　昔陽明子尊信古本大學，謂失過信孔子則有之，非故去朱之分章而削其傳也。其言甚直，確於今日亦云然。吾又以陽明之信古本，去程、朱所見僅一間耳。蓋以為

戴記之雜文，則信古本可也，雖分章而補傳，亦無不可也。以爲是孔、曾之書，則分章而補傳固不可也；信古本，愈不可也。故不爭之於其本，而爭之於其末，其爭殆未可息矣。

答張考夫書

仁兄來歲已諾袞仲之約，喜慰之極。仲木雖漸有起色，然足未能履，口未能語，惡得遽云無恙乎，念此，何時已已！弟頃亦臥病四十餘日，前後絕粒共二十日，今雖強起，尙爾委頓，皆是妄投藥餌，不節食飲所致。遺體行殆，往恨何追！弟病中亦深以大學辨爲恨，恐一旦朝露，此議遂泯，將遺千秋無窮之恨。而吾兄又復遠訊及此，慙愧何如！弟之辨大學，望而知爲狂悖。此無異桀犬吠舜，百口奚解！是以雖辱愛如吾兄，猶未見察，況他人乎，長嘆而已。

弟思大學本無可辨：以迹而言，則顯然非聖經，不必辨也；以理而言，則純乎背聖經，亦不待辨也。而人心易惑，瞽解相縈。孔、曾五百餘年之沈冤未伸，後學千萬世之道術誰正！則又有不敢不辨，不忍不辨者。何爲迹？謂作大學者初未嘗假託孔、曾一字，如篇中兩引夫子之言，一引曾子之言，則外此皆非孔、曾之言可知。又自春秋歷漢、唐，千有餘年，真儒輩出，絕未有一人以大學爲孔、曾之書者，此迹之顯然者也。何爲理？書

有之：「知之非艱，行之惟艱。」古昔聖人皆重言行而輕言知，故曰「知之者不如好之者」，曰「知及之，仁不能守之，雖得之，必失之」。知之不足恃，亦已明矣。惟佛氏單言覺，謂一覺已無餘事。惟大學單言知，謂一知已無餘事。詳觀文義，豈不其然！首節雖不言知，而開口言明明，已是重知張本。次節緊接「知止」二字，謂一知止而定、靜、安、慮、得無不能矣，非重知乎？三節曰「知所先後，則近道矣」，非重知乎？四節、五節反覆言格致之當先，謂一格致而誠、正、脩、齊、治、平已環至而立效矣，非重知乎？重知則輕行，雖欲不禪，不可得矣。以此，知上文言新民，言齊、治、平，並是夸詞。正如佛氏之稱無量功德，務神其說以豔愚俗者，非實話也。烏有一格致而遂馴至治平者乎？學者從而信之，亦愚甚矣。蓋大學只是重知，若曰一格致而學已無餘事矣，此大學之本旨也。程、朱闢禪，而表章大學，是驅天下後世而之於禪也，不亦惑歟！

　　且弟亦非惡言格致也，惡夫以格致為大學之始事也。謂格致自與學相終始，學無窮，則格致亦無窮，而奈何截為學之始事！截為學之始事，則知行分。知行分，則必有知無行，而究歸於無知。此今日學者之流弊，已可見矣。此昔陽明先生之所大恐也。

　　蓋大學之意，只重知止；截言格致，亦是為知止結

案。物格而知致，則知止矣。知止乃全乎禪學，即釋氏所謂「大徹大悟境界」，聖學絕無此也。蓋語其易，則今日即可知可行；語其難，則聖人有未知未行。故曰「堯、舜猶病」，曰「文王望道而未之見」，皆是真實語。而大學肆然曰知止則定、靜、安、慮、得無不能，而明、親、止善之功於是焉畢矣。誰欺乎？

又不當先誠于正，謂誠是詣極地位，而正脩是進德工夫，相去遠甚。周子亦曰：「夫聖，誠而已矣；誠則無事矣。」蓋正脩之盡處是誠。正心，如孔子言志學、志道、志仁之類，那得更在誠後！蓋大學之誤，全在以意言誠。誠止在意，即是不誠。凡言誠者，皆兼內外言。故中庸曰「誠身」，孟子曰「反身而誠」。蓋脩、齊、治、平皆是誠，非徒意之而已也。此大學之誤也。宋儒之言誠本此，此末學之大蔽也。

尤不當後正心於格致。心為一身之主，雖格物致知，皆以心格之，以心致之。心正則格致皆正，心偏則格致皆偏。蓋心職思慮而兼掌聰明之官，一不正則又為耳目所役。故曰：「物交物，則引之而已矣。」據「正心」傳，亦云「心不在焉，視而不見，聽而不聞，食而不知其味」，而矧能致知格物云乎哉！此矛盾之說也。故學誠不可以不格致矣，然而事物之紛然【「然」疑為「紜」字之誤】，襍然其不齊也，義理之精微，淵乎其深至也；非

吾心之神明，其孰從而正之！故繩誠設，不可欺以曲直；衡誠懸，不可欺以輕重。吾心者，亦事物之權衡，義理之繩準也。夫不知格致由吾心而正，而反云「吾心由格致而正」，是無異稱五臣之功，而絀舜德者也，亦甚誣矣。故真能正心以脩身，而格致在其中矣，不言格致可矣。

　　子曰：「苟志於仁矣，無惡也。」曰：「有能一日用其力於仁矣乎？我未見力不足者。」子豈不知格致之難，而易言若此哉！謂人特患不立志耳，不用力耳；能立志，能用力，而真知出矣。「我未見力不足」，「力」字兼知行言，謂勇力識力也。若曰患不用力，豈患不能知與不能行哉！此聖人之教也。子曰「君子道者三，我無能焉」；曰「君子之道四，丘未能一焉」；曰「躬行君子，則吾未之有得」。義未徒，不善未改，則憂之；默識學誨，事公卿父兄，則一再曰「我何有」，凡言行，則退然不敢當若此。曰「蓋有不知而作之者，我無是也」；曰：「我非生而知之者，好古敏以求之者也。」凡言知，則略無孫詞又如此。此知行之難易，既可覩矣。而大學之所重在彼，此理之純倍聖經者二也。

　　雖然，苟迹非而理是，雖弟亦是之矣。今弟之所爭者理也，非迹也。而迹理雙違，則誕罔彌著。何斯人之易惑難曉，至于此乎！嗟乎！習俗移人，賢者不免，吾

未嘗不嘆息痛恨於斯言也。夫道若大路，本無他謬巧，真是農工商賈，皆可涉足。必讀書窮理而後能與於道，是絕天下不讀書者以爲善之路也，豈通理哉！故曾子曰：「夫子之道，忠恕而已矣。」孟子曰：「堯、舜之道，孝弟而已矣。」使曾子、孟子而皆非知道也者則可，使曾子、孟子而皆知道也者，烏得盡以其言爲河漢乎？若夫窮神知化，乃德盛仁熟後自臻之妙境。正如山窮水盡，忽見奇觀，有不知其然而然者，匪淺學所能力索也。今之學者，考其行，則鮮孝弟忠信之實，聽其言，則多義理精微之旨，此宋以來學者通弊。此弟所日夜撫心摧臆，而深欲與同志一洗斯惑也。

陽明子言「知行合一」，「知行無先後」，「知行並進」，真是宋儒頂門針子。而吾兄云：「如眼前一步，必先見得，然後行得。」此謂知先於行，可爲切喻；然亦是行得到此，故又見此一步耳。兄能見屋內步，更能見屋外步乎？能見山後步，更能見山前步乎？欲見屋外步，則必須行出屋外，始能見屋外步。欲見山前步，則更須行過山前，始能見山前步。所謂行到然後知到者，正以此也。大學明言先後，而陽明子謂知行無先後，說何由合？其曰「致良知」，亦強爲「致知」解嘲耳，而終非大學之旨。陽明子亦欲曲護大學，其如大學之終不可理解何！先生始則欲從古本，繼又欲從石經。非真以

古本、石經之爲至也，直是求其說而不得，又轉而之他，亦禮失求野，無可奈何之意耳。

來書云：「有本有源，爲學者所祖述。」以弟觀之，何異說夢。直是無本無源，以開五百年來學者紛順爭辨之端而已矣。夫不宗論、孟，而宗學、庸，直以大學爲四書之首，真是喜新立異。此程、朱學問大謬誤處。而諸君子乃以弟爲喜新立異，此弟所至死而不服者也。弟於程、朱之學，未能及其萬一。至於表章大學，則又不敢不以死爭之。蓋從來賢聖不能無過，如日月之有薄蝕，何損於明，而後儒必欲曲爲之護，真是程、朱之罪人耳。

要之，書不盡言，言不盡意。弟雖縱論及此，還望吾兄明歲至山中，面相質問，非筆札所能悉也。恃相知之深，又不覺齦縷此紙。願虛中體認。萬勿牽纏習見，如俗儒之竟死先儒言下者，吾道幸甚！

又

弄璋之信至山中，山中人皆狂喜，弟之辱愛者可知矣。不審邇日道體清勝何如？新兒神氣強旺何如？乳飲贍足否？小兒初生，乳極須節，寧饑毋飽，寧薄毋暖，寧多啼哭，毋常抱持，此是保嬰要訣。知兄所素審，恐晚年得子，不無姑息，敢再致丁寧耳。鳳師學問甚進，頗有善可述。豹臣亦肯讀書，頃從諸少年舉一社，其諸父爲言，亦止不赴，皆是好消息。惟鳳師近殤一長子，

已將上學，極可痛。汝典新有喪偶之戚，俱是恨事。兄知之否？

憶拜季春戊辰日書，內及弟大學辨，云仲木已矣，道義知交，落落數人，惟旬華差少，弟與伯繩與兄，俱各踰五踰四，歲月不待人，此一大疑案，急須究竟之也。弟捧讀至此，感極涕零，故敢亟馳數行請教。而來書乃云，弟前往數書，皆有挾賢挾長之心，故從未條答一字。嗟乎！弟雖不肖，竊奉教於君子矣，何遽狂悖至此，而重爲同門之賢者所擯絕乎！夫至理所昭，初無賢不肖長幼之分。言當於理，雖幼不肖，不能不伸於長賢；不當於理，雖長且賢，不能不絀於幼不肖。不幸犬馬齒實偷長數歲，至論賢，則不及我考夫遠甚，惡能有挾？即如弟與衷仲，忝有倍長之年，然嘗不能不心折于衷仲之學。本心之明，豈容自昧耶？比雖詩文之誤，亦兩被指詰，不勝慚伏。於衷仲猶爾，而況兄乎？然弟亦不敢不深自反，必弟生平一種驕矜之氣由中達外，弟不自知，而兄已灼知之，故肯直言及此。敢不細自搜剔，力懲痛改，期終不負明教乎！

至大學辨，實出萬不得已，前數書略見苦心，非所謂挾也。而兄藐然之聽，日甚一日，殊失所望。蓋以弟大學辨爲愚昧無知則可，謂當置之不足議論之列則不可。今有一人，忽無故狂呼叫號而不知止，行路見之，

皆笑其癡，掉頭竟去；而其父兄親戚，則既閔其癡，又必深求所以狂呼叫號之故，冤則解之，病則爲之揀方合藥以療治之，必使之平復而後已。今吾兄之藐藐，意者同路人之掉首而若未始忝一日之愛者乎！

弟之不足教，固亦已矣。至又罪及陸、王之學，比之洪水猛獸，此何語也？且弟之辨大學，於陸、王何與，而上累之耶？陸、王亦嘗言格致矣，雖所言與程、朱不同，其深信大學則一也。程、朱之說非，則陸、王亦非矣。弟說絕不本陸、王，而吾兄深罪之，豈非所謂「行人之得，邑人之災」乎？何其聽之不審而刑之太濫也！

王門言學，誠不爲無罪。龍谿以下諸子，轉說轉幻，流而爲禪者有之，要豈可以追戮陽明哉！古之聖賢，亦各有幸有不幸。雖孔子之聖，七十二子之賢，然當是時，顏子早殀，曾子年最少，質最魯，孔子之道，亦岌乎若一髮之引千鈞。向無曾子，則如子夏、子張輩，各竊其說之近似者，轉相授受，數傳之後，不復知孔子之道爲何物矣，況陽明子乎！堯、舜之後皆不肖，梲禹子獨賢，禹不以是加聖于堯、舜，堯、舜之道終必爲萬世宗師。燕噲、子之之假竊，果足以累堯、舜哉！程、朱、陸、王，雖其言學不無少異，而要其所爲同者自在。世儒于程、朱、陸、王之學，曾未睹其萬一，而紛紛然各以其私意輕相詆誹，於程、朱、陸、王奚損乎？多見其不知

量耳。

　　若其辨學之言，是非曲直，亦昭然可見。象山闢無極一書，辭雖少戇，而理較直。朱、王格致之說，大抵皆為大學所困，而「知行合一」之言，則固百世不易也。議者謂晦菴一於道問學，而疑其支離，象山一於尊德性，而疑其空寂，皆失其實者。晦菴未嘗不尊德性，象山未嘗不道問學。但在象山，則有尊德性而道問學之意，在晦菴則有道問學而尊德性之意，此亦二賢之本末也。當時二子雖所見不同，而立身行己，已並卓然無愧，所謂不同而同也。而傳之後學，則亦有毫釐千里之繆，故當時皆斷斷持之耳，豈可獨罪象山哉！

　　孔子本言「性相近」【南京本下有「習相遠」三字】，孟子偏言「性善」。中庸已分知行，陽明子偏欲合知行。大學明言先後，陽明子偏言知行無先後。此豈徒駕為新論，以高出前人哉！皆不得已也。孟子道性善，為自暴自棄一輩而發。陽明子合知行，為知而不行者一輩而發。言雖有為而發，然各有所本，故必可傳也。

　　易言窮理盡性，可見未窮之理不可以為理，未盡之性不可以為性。中庸言至誠能盡性，可見誠有未至，即性有未盡。以未盡之性為性，是自誣也。故性善之言，千古不易也。不知必不可為行，而不行必不可為知，知行何能分得。然中庸先自下一註腳矣，曰「誠則明」，

「明則誠」，是無先後之證也。「道之不明」節，言不行由不明，不明由不行，是知行合一之證也。故合知行之言，亦千古不易也。故弟嘗謂陽明子之合知行，決可與孟子道性善同功，但以之言學則可，以之說大學，則斷斷不可。此亦陽明之一蔽也。弟非肯【疑當作「尊」】象山、陽明者，因兄詆訾二子之學，故略疏其大端如此。若銖稱而寸較之，則象山、陽明之言亦時有偏，此或其傳習之訛，然弟亦不能盡爲之諱也。

　　至於格物擇善之功，宋、明以來儒者宜無過陸、王，但其所謂擇，不同俗學之瑣屑耳。而兄若以謂二子少之，何耶？今儒者之所爲講明之學，決非窮理擇善之功可知。明道云「只窮理，便盡性至命」，最【「最」下疑當有「是」字】見道之言。蓋必知行俱到，而後可謂之窮理耳。弟竊語同學：學固不可不講，然毋徒以口講，而以心講，亦毋徒以心講，而以身講，乃得也。孔門之言仁者，如端木、司馬、樊遲之徒，並孜孜請教。至於樊遲之問，尤一而再，再而三，講之不可謂不熟矣。然真能請事者，自顏子、仲弓而外，無聞焉。向使以樊遲之能熟講，而責顏子、仲弓以不能熟講，而輕于從事，則大可笑矣。今以下學而議象山、陽明之疏於窮理擇善者，何以異此？若學者自以爲是，而不復遜志於格物擇善之功，此正自絕於象山、陽明者，而登象山、陽明之學哉！

弟性絕懶，懵于前訓。無論諸子，即古昔先聖賢之言，曾未通其一二，但依理剖別，亦不能無所援引。而兄謂「無徒驅率聖賢之言以從己意」，語至深初。第假六籍、文奸言者，信有罪矣。若士生數千百年之後，學絕道喪，是非無所衷，欲妄有所辨正，將非聖賢之言之信而誰信乎？今引聖賢之言，以折後儒，則反曰不可；勦後儒之說，以誣往聖，則反曰可歟？又曰：「責己者當知天下無皆非之理。」古人誠有是言，然是子厚省躬恕物之旨。故下文曰「學至於不尤人，學之至也」，即孔子「躬自厚而薄責於人」，<u>孟子愛人不親章及存心章</u>意。如是，則豈徒無皆非之理，雖曰「己無一是，人無一非」，可也。此大舜之所以可傳而可法者也，而豈所論於持正守道之士乎！

若夫聖賢【疑當作「經」】之淆亂，瞽見之乖訛，則弟決欲冒萬死為孔、曾一雪之。雖一家非之不顧，一國非之不顧，天下非之不顧，千秋萬歲共非之亦不顧也。孟津之役，諸侯不期而會者八百國，孤竹二子獨排眾而力爭之。武、周雖聖，弔伐雖仁，天下後世不敢以二子之言為非。今<u>大學</u>之為聖經，已成極【疑當作「積」】重不反之勢，弟之孤危，正同二子，然是非之公，終難埋沒。眾人之諾諾，果理之必不可奪者哉！瞽見瞽圖，久司學者之命，良知之性，全被湮沒，尚何理之窮而善之擇耶？

此不可不深思而亟省者也。辨大學正是窮理，舍此更言窮理，豈非反鑑索照者乎？

　　去秋辱書，念及小兒學問，教以多讀程、朱書，深感厚意。末復深悔少年工夫，而若私幸今日趨向之正，得附朝聞夕死之義，語殊未安。謂兄踐履敦篤，自然合道，無愧朝聞夕死之義則可；謂以多讀程、朱書為聞道則不可。自有宋中葉以來，程、朱之書，已家絃戶誦，豈皆聞道者耶？無論程、朱之書，雖孔子時雨之化，一貫之旨，曾子、子貢皆與聞之，子貢可謂聞道者耶？方夫子呼參之時，門人皆在，不惟共聞一貫之言，曾子又告以所以一貫之理，門人豈皆聞道者耶？豈惟一貫是道，凡夫子之言，無之而非道也。七十子之賢，既皆親炙夫子之盛德，又習聞其教，宜皆可謂之聞道矣。然自顏、曾而外，指未可多屈也，而況拾程、朱之牙後者乎！蓋所謂聞道者，心知力行，於道無間之稱，而非徒知解及之也。「人莫不飲食也，鮮能知味也」。飲之食之而猶不知，況不飲不食而能知其味乎！「行矣而不著，習矣而不察」。共行共習而猶不著察，況不行不習而能著且察乎！伊川嘗云「他人吃飯從脊梁過，獨頤兄弟吃飯從喉裏過」，語亦有病。然當是時，程子陶淑多賢，可為極盛；況前輩則有茂叔，同志則有張、邵，又有司馬、范、富、韓、呂諸大君子之扶翼，倡道其間，而尚云爾；

況在今日，談何容易！兄無遽易朝聞夕死之言也。

小兒頑惰無成，不足仰副知己之望。至其所讀書，則自幼習<u>四書</u>、<u>五經</u>，註不能舍程、朱而他往，要只是讀死書耳。若言所學，則無論孔、孟，雖於程、朱、陸、王，亦茫乎未睹其涯岸。而家庭言志，則又孟子所云「姑舍是」，「乃所願則學孔子」耳。雖不能至，私心向往之，實不遑有所愛憎去取於程、朱、陸、王之書也。

凡兄言事，皆不直捷。如兄之愛弟憂弟，發於至誠，弟心知之，亦心感之。然既知弟<u>大學辨</u>之非，則必有所以非之者，宜明明白白，條析至道，解其狂惑，乃可也。而往往含糊繳繞，旁見側出，如託誨翼兒之類，不一而足。弟竊以吾兄之言不直，而意微傷於薄也。若弟於同學，則必就事論理，絕不敢旁溢一字。如弟爲裹仲作<u>因勉齋記</u>「【按：記見楊園全集卷十七。文作於順治十三年，正乾初著成<u>大學辨</u>之後，末段云：「今之世非無好學之士也，一入其說，老死而不知悔，又將斷斷焉執其一偏之見，以爲聖人復起，不能吾易。及徐而考其言行，則與小人之無忌憚者同科。是則可知恃其良知之不如困而知之，恃其良能之不若勉而能之也已。」意即指斥乾初，故乾初云然。】亦及「知行合一」之說矣，不過就困勉言困勉耳。兄則大發其感憤怒罵之言，有借題罵人之意。兄之爲此等言，蓋已多矣。兄試自一一憶之，此弟之所謂不直而傷于薄者也。學者可以理奪，而不可以曲說回，亦已明矣。紆

迴汎濫之言，何濟于本論，而何救于不肖弟哉！每恨朱、陸當日辨學，不免有溢詞，又往往寓諸他書，竊以傷懟失厚，非朋友之道。願兄毋復蹈之也。

龍山諸子，皆以「張先生意不可復回，子屢瀆無益，盍姑已之。」弟始惑其說，既而思之，曰不可。吾同門數人，在溮西者開美、仲木，皆已死，獨我與考夫、旬華在耳。三人之心，尚不能相通，況其他耶！所懼于數疏者，猶就非深相知者而言。若真相知，雖一日十往復，何害于同！左手有毒，右手割之，爲割者不怨，亦不德焉，一體故也。知而不言，言而不盡，以待世俗或可，而忍以待吾良友哉！若必以恭順喑默，無一異同之言，而後謂之不挾賢長，則又非區區之愚所深望於吾考夫者。凡有所見，幸各無隱諱，悉意贈教，以卒久要之義，至懇至禱！

又

弟別後即患風氣，殊不堪，坐臥皆苦，無論行立，踰月而後復，是以不克踐廿三之約，至今抱歉。衰病相尋，日新月異，此自然之候，曷足怪乎！吾兄道養甚腴，清朗之氣，十倍於弟，及時進學，何快如之！晤言累日，深愧鈍拙，未　能效一得於仁兄，亦未能虛受仁兄與季心兄之教，惶懼而已。

自奉手牘歸，每晨起櫛沐，閑暇無事之時，澄心定

氣，反覆莊誦，以深惟所以啓迪下愚之意，時或隕涕，不能已已。吾兄愛弟之誠，明于皎日，殷殷然如慈母之告嬰兒，嚴師之訓童穉，鞭其傲僻，開其迷繆，惟恐其流於共學，陷於非人，此意至深且篤也。吾黨之愛弟，寧復有過于仁兄者哉！易曰：「中孚，豚魚吉。」言至誠之未有不動也。弟雖不肖，猶戴髮含齒，覥焉列於人數，而反豚魚之不若乎！有不知感知痛者，真非丈【「丈」字依南京本補】夫矣。然弟之愛兄，亦猶兄之愛弟，同門一體，敢稍留形骸爾我於心！理有未安，誼難終默，故復疏論于左右，惟仁慈省察！

　　來教有「不可則止，以全交」之語，非吾輩之所宜云也。子貢問友，子曰「忠告而善道之，不可則止」，蓋汎論友道宜然，亦謂平常交友不能受盡言者而云耳。尋常交友，一時有小過失，失止在一人之身，朋友之義固當盡規，亦不宜煩數，故云爾也。若過非止一人之身，如求之聚歛，獲罪斯民，則告以鳴鼓而攻，豈得復引不可則止之義乎哉！況道義深交，尤不宜以尋常交相與例者乎！今弟之所辨者學也，所爭者是非真偽也。此千秋之事，而非弟與兄兩人之私言也。天下之公言也，公言之而已矣。言之而得，非止一人之得、一時之得也。言之而失，亦非止一人之失、一時之失也。非一人之失、一時之失。雖鳴鼓可也。非一人之得、一時之得也【「也」

未疑衍】，雖颺拜可也。其事理之易明者，雖片言相折可也。其理之未易明者，雖數十往復，亦無不可也。怙惡不悛，長傲飾非者，固下愚不肖之流；引嫌避疑，畏禍懼謗者，亦非賢士君子之行。辨之勿明勿措，正弟與兄今日之事。兄之不距狂言，亦猶弟之勤求良誨也。弟復何所顧慮，而不一自盡於吾兄哉！

　　弟謂大學言知不言行，與聖學絕相悖者，蓋就大學首章之旨而云。兄曰：「自誠意而往，正心、脩、身、齊家、治國、平天下，何一而非行之事乎？」此正爲大學所欺而不自知也。語云：「癡人前不可說夢。」大學俱是說夢，而兄信之，習心之難悟如此，不亦痛哉！定、靜、安、慮、得者，知止之效也。誠、正、脩、齊、治、平者，格致之效也。大學只說效驗，竝不說工夫，弟是以惡其虛誕耳。即首節明、親、止善，皆效驗也。循覽書義，旨趣了然，曾兄之明達而尚未察耶！

　　據大學之意，只重知止，知止之功，只在格物，安得而不入禪悟乎！按「物格」一節文義，並格致亦是效驗，非功夫。而所謂格致之功，尚須禪和子數百輩老坐蒲團，始參究得出來也。雖參究得出，終爲不了公案。自程、朱至今日，五百有餘年矣，曾有定論否乎？朱子曰「窮致事物之理」，陽明子曰「格其不正以歸於正」，劉先生曰「格知誠意之爲本」。諸子之說，益復紛紜。

據三說，則蕺山、陽明之言，差有著實。然兩先生之言，
於學者實下手工夫則得矣，於大學之說終落落難合；不
若元晦之說雖蕩而無歸，卻與大學脗合，故行久而益信
也。孟子曰：「長者義乎，長之者義乎？」夫不反諸其
心，而惟事物之求，此義外之說也，陽明子辨之審矣。
若亦不能不反諸其心，則弟向所云「心正則格致皆正，
心偏則格致皆偏，必不可先格致於正心」者，疑亦非甚
繆之說也。其諸訛舛種種，並詳大學辨，此不復瀆。

　　嗟乎！君子之道，焉可重誣！固不容自小，亦胡容
自大，惟其當而已。苟當於理，雖小，大也，其未當，
雖大，小也。「下學而上達」，亦何大小之可言乎？故
曰：「上達工夫，只在下學。」而兄之言曰：「人未有
外身、心、意、知、家、國、天下而可以爲人者，則未
有外八條目而可以爲學者。」則敬脩一言，宜子路之見
少矣。學不務實，而惟悅於名目之夸大，此亦表章大學
以來學者之深病也，兄何久未之察耶？

　　兄曰：「今有人於此，事事物物能明其理，意不妄
發，心無私邪，視聽言動　俱中禮而無愆尤，由是施於
家而父子兄弟夫婦以宜，施諸國而君臣上下以定，施諸
天下而物物各得其所，其得謂之聖人之徒乎，其不得謂
之聖人之徒乎？」中間語意，未免支離，姑不暇深論。
即果如此，雖弟亦必謂之聖人之徒矣，非不忻然願之，

然是吾兄之設詞耳，非實事也。子曰：「聖人吾不得而見之矣，得見君子者斯可矣；善人吾不得而見之矣，得見有恆者斯可矣。」夫非每況愈下也，亦非卑之無甚高論也。蓋欲求其實【南京本「實」下有「而字」】不苟循其名，則斷以有恆爲學本。此即曾子氏所傳忠恕之實學也，而奚夸大爲！不然，以孔子道化之隆，及門之盛，且大學既爲夫子所定，則八條之說，必日與門弟子耳提而面命之，較程、朱所言，宜十分親切，當時成就，必有如吾兄所云云者。顏、冉雖死，其餘弟子且不足論；至如曾子，則向所謂親得大學之傳者，可謂非其人乎？而子乃以既見爲不得見，何其菲薄一時之甚也！嗟乎！學固不可以恢而大之也亦明矣。故曰：「無而爲有，虛而爲盈，約而爲泰，難乎有恆矣。」此正今日格致之學謂身、心、意、知、家、國、天下一齊俱到者之誕說也，而又誰欺乎？

　　尊意諄諄以弟之妄言累歸獄於王氏，益爲冤枉。來教云弟子王氏之書，誦之熟而信之深，故一種傲然自以爲是，前無往聖，後無來哲，目前儕輩皆可弟子視之之意，有不自知其然而發現者。嗟乎！弟於王氏之學，正愧誦之未熟，信之未深耳。果誦之熟而信之深，則必不敢自以爲是。果自以爲是，則正其未得王氏之毫末者。陽明豈教人自是者耶？弟于象山之說，未許者十之三

四，於陽明之說，未許者十之一二，正不敢效時賢之各
護門戶，是則全掩其非者。所深信不疑者，惟陽明「知
行合一」之說耳。而兄之言曰：「言知先行後可也，言
知行並進可也，不當倡知行合一之說。」夫既曰「知行
並進」，則必不可曰「知先行後」矣，此矛盾之說也。
今陽明之言具在，雖聖人復起，能易之乎？學者自錮於
私意，不復體察耳。

尊教謂弟於雒、閩諸書豈云不讀，只是以先入者為
主，而操我見以權衡之，未嘗遜心抑志而奉之以為規矩
準繩，如弟子之於先師也，子弟之於父兄也，故多見其
可議耳。宗程、朱者，以此議王氏之學；宗王氏者，亦
以此議程、朱之學：豈復有定論乎！善乎象山之答晦菴
曰：「甲與乙辨，方各是其說。甲則曰願某乙平心也，
乙亦曰願某甲平心也。平心之說，終難明白，不若據事
論理可也。」斯言當矣。弟讀言學書而隨之以淚者，惟
於陽明為然。是豈徒浮辭之相取哉，有由然也。致良知
之說，至今日已不可方物，絕非陽明本旨。董蘿石曰：
「所謂良知，只是能知過；所謂致良知，只是能改過。」
此陽明之旨也。良知未可謂知，必實致其良知於行，然
後可謂之知，此「知行合一」之說也。故陽明之言曰：
「知而不行，只是未知。」此極真切語，即伊川傷虎之
說，萬無可疑者。而於伊川則信之，於陽明則疑之，好

惡之能蔽人至於此乎！

　　良知猶言良心，致良知猶言盡心。而陽明子沾沾以
致良知爲言者，亦是牽於大學致知之說而爲之詞耳。陽
明子深痛世之人皆放失其良心，故發此論以救之，至仁
之心也。誠使斯人皆心良心之心，言良心之言，行良心
之行，天下豈復須治耶！雖唐、虞至今存，可也。蓋存
乎人者，孰無仁義之心！呼爾與之，乞人不屑；蹴爾與
之，行道之人勿受。雖殺人行劫之盜，見孺子入井，必
有怵惕惻隱之心。小人閒居爲不善，無所不至，見君子
而后厭然揜其不善而著其善，此則小人之良心也。故雖
極惡之小人，其心未嘗不知善之當爲與不善之不可爲，
但雖心知之，而不能力致之，以必爲善而必不爲不善耳。
後世知行之學分，其流必至於此，此大可痛也。

　　陽明子不翅如痌瘝之在身，不暇審擇其音，大聲而
疾呼，今日說致良知，明日說知行合一。若不察其心而
循其迹，誠若有罪者。嗚呼！是豈獨陽明子而已，雖古
聖人之所爲，而一以常理求之，將不勝其罪。舜、禹之
受禪，湯、武之興師，伊、周之居攝，孔子之作春秋，
苟律以世儒之繩墨，其何辭以免？況陽明子乎！孔、孟
以後，學者無真是非，大抵皆子莫執中之學。執中以議
不中，而不知己之所謂中者，非真中也。庸庸之論，以
象山、陽明之過於痛切，遂詆其爲猖狂恣肆，爲怒呼叫

號，無儒者和平氣象，是何異斑衣舞笑者之議疏衰哭泣乎？不情甚矣。

一天下也，在唐、虞則揖遜，在殷、周則征誅，必欲行堯、舜之揖讓於桀、紂之時，則斯民無噍類矣。一彎弓而射也，於越人則談笑，於其兄則涕泣，若復效越人之談笑于其兄之旁，則至親等行路矣。羲皇畫卦，而中古之聖不能無憂患之辭；考之詩雅，正始之音絕不復見於幽、平之世。故時易則言隨之異矣。自在孟子，已不免發揚蹈厲之意：楊朱、墨翟，世所稱獨行之士，至比之禽獸；仲子之廉，謂不蚓若。至如告子、許行、白圭之徒，並擅當時之譽，有高世之行，而孟子闢之皆不遺餘力。何其無渾厚含容之意哉？蓋有所不得已也。況學絕道衰【「衰」字疑衛】喪，如象山、陽明之日乎！閹然媚世，以為和平，非陽明之所不能，所不為也，良知謂何耳！陽明被謗，門人問其故。曰：「吾鄉來猶帶鄉愿意，近見得良知親切，始成一狂者。」嗚呼！是未易一二為俗儒道也。獨其尊信古本大學，則去程、朱之改本不能以寸。弟是以謂五百年來，學者大抵皆為大學所困，深可痛也。弟辨大學，既異程、朱、亦倍陸、王矣。而兄前後手書，口口歸獄王氏，冤痛何如！

吾兄又云：「信心之有弊，不如規矩準繩之無失。」誠哉是言！第規矩準繩故在也，大匠用之而成，拙匠用

之而敗，則非規矩繩墨之異，而所以用規矩繩墨者之異也。豈亦所謂「運用之妙，存乎一心」者耶？乃一道著「心」字，便以西來直指之說誣之，是使後之學者絕口不敢言心學也，豈通理哉！弟觀象山、陽明集中，亦並無直指心體之說。若其近似者，雖程、朱書中亦有之，豈獨陸、王！凡論人，須使心服，乃【「乃」字疑衍】不當附和雷同，以相毀詆。以西來罪陸、王，竟是莫須有之獄，豈止如來【「來」字依文義補】教所云「以嫌疑殺人」而已哉！

即兄過督弟以挾長挾賢，敢不知罪！然是孟子責滕更之言也。孟子之道，高於當世，滕更之愚，不宜有挾，故孟子直以示不屑之教耳。今不肖弟之愚即過滕更，而吾兄之賢或猶遜孟子，乃遽以此申明不答之意，以滕更處弟，而以孟子自居，意者吾兄之挾，又有在賢長之上者乎！雖然，此弟之妄言也。吾又烏知兄之學不已進於孟子乎！言當於情，何施不可！兄心上果自信得過，即以有挾責弟，庸何傷！伊尹之以先覺自任，孟子之以師道自任，又孰得而議之！願勉旃，毋自退悔，斯道幸甚！

學何嘗廢準繩，要以孔、孟繩諸儒，則曲直立見。弟至愚陋無知，然所言皆樸實有據，非泛說者。亦豈敢云獨得之見，要只奉孔、孟為規矩準繩而已。故知陸、王之得，亦未始不知陸、王之失；知程、朱之失，亦未

始不知程、朱之得也。而吾兄只以雒、閩書爲規矩準繩，安得無全蔽乎？孟子曰「規矩，方員之至也；聖人，人倫之至也」，與吾兄之所爲規矩，似少異矣。學不知道，全憑古人成說以爲論斷，即先生之言稍異於諸儒者，且不勝疑忌，況弟之辨大學乎！宜其累疏而莫之省也。瀝血陳詞，並前書及性解、禪障俱往。非以求勝，即來書所云「苟合求勝，小人之道」，兄所必無，亦弟之所不敢出也。鵠俟明教。

　　附：與陳乾初書【按：此書今載楊園全集卷二。據文末自注，書作於清順治十四年。時張氏年四十七歲，陳確年已五十有四。陳確於五十一歲著大學辨，五十四歲著性解、禪障二文，故書中謂二文極望示教。至收藏此書底稿之顏氏子，爲楊園弟子顏鼎受；注末所稱之維恭，爲楊園之子，張氏作注時年方十四歲，故云「維恭且長」。】

張履祥　考夫

　　接讀手教，稔知閫門康福，喜慰無任。弟於孤危之日，幸舉一子，凡知交厚德，莫不爲喜，鄰里親舊，亦莫不然。雖弟何敢不喜，然憂懼方深耳。先人之後，惟兄子一人，十九而殤。弟二十至三十嘗生男子三人，俱不長育。今正如就顛之木，方有萌蘗，此可憂也。愚兄弟幼失先人，是以無所教訓，冥行多過，甚忝所生。然先人舉愚兄弟，未踰三十耳。每見世之遲暮得子者，多至失教，以覆墜厥世，貽笑於人。弟年力如許，豈有望

乎！此可懼也。

　　往時恆苦暑氣作病，今年尤甚。三伏以來，書冊不能親，酬應極厭倦，一日之中，臥多於坐。自知根本之衰，非特時令之感也。近念仁兄疇昔「兄弟同居」之教，將以涼秋稍葺故居，率妻子仍返楊園。但不能無費一番經營，爲力愈詘耳。衺仲兄學問想其益進，春仲寄來丙申筆記一帙，讀之，真吾輩畏友也。仲木家室遷入漱城，不審安否？二子讀書，氣色如何？百里之隔，聲問斷絕，仁兄知之必詳，便間幸以示慰。

　　吾人生於學絕道晦之日，目前朋友真有朝聞夕死之志者，要無幾人，大率祇如朱子所言「既欲不失賢人君子之名，又欲不失安富尊榮之實」耳。至於誠心嚮此，而又不能無學術同異之辨，此道之所以益晦，而學之往往而絕也。當此，惟有在事物則精心而察理，在古人則篤信而敬求，在朋友則虛己以聽受。然而氣拘物蔽，隨感而有，於道茫乎未之有當也。

　　弟向讀龜山先生集，見其所言「道廢千載，士大夫溺於異端之習久矣，天下靡然向風，莫知以爲非。士志於道者，非見善明，用心剛，往往受變而不自知。此習俗之移人，甚可畏也。若夫外勢利聲色，不爲流俗詭譎之行，以爲不受變於俗，則於學者未足道也」，爲之憬然於心。竊以爲今之靡然向風者，非王氏之學乎！且未

論受其變移何如，即所謂「外勢利聲色，不爲流俗詭譎之行」者，隱微之際，果能一一推勘得過乎？前所進規「挾賢挾長」之語，亦非弟一日之見與一人之私也。平日竊效責善之義，而不足以回兄之聽，疑其有是而不敢信然，則以仁兄前後筆劄出以商之同志之友，同志之友咸謂有之，故盡言而不諱也。即養生送死一論，於世教極爲有補，然此意不能不露於筆端。蓋兄於王氏之書，讀之熟而信之深，故一種傲然自以爲是，前無往聖，後無來哲，目前擠輩皆可弟子視之之意，有不自知其然而發見者，固非可以口吞急卒爭也。

仁兄於洛、閩之書，豈云不讀，只是以先入者爲主，而操我見以權衡之，未嘗遜心抑氣而奉之以爲規矩準繩，如弟子之於先師也，子弟之於父兄也，故多見其可議耳。夫操我見而讀書，即如論、孟等書，豈無無忌憚之徒從而指摘，肆其妄議者，何况洛、閩遺書哉！蓋人心不能無蔽，蔽則所見皆偏，偏則於彼勢重，則於此益輕。是以古之人立規矩以爲方圓，立準繩以爲平直。獨無此心之可信哉！以爲信心之有蔽，不如規矩準繩之無失也。四家之學，得失是非自有公論。天下後世，皆有耳目，皆有心思，既非人之所能阿私所好，亦非人之所能蓋護其短。在吾人自審趨向，則當決所去從，不宜昧昧耳。

　　大著性觧、禪障二篇，極望示教。今日禪之爲禍，烈矣。仁兄於此，真如淫聲美色以遠之，可謂卓乎不惑矣。但其障不一端，未知所論何者？竊恐「障」之一字，已借禪家「事障」、「理障」字面。仁兄有意廓清，即此亦宜去之否？

　　前書謂大學爲禪之權輿，以其言知不及行也。大學之書具在，自篇首至末簡，何一章之不及行乎？即以知論，禪之言知，說頓說漸，總不致知者也。今之儒名而禪實者，言致知而不及【南京本作「言」】格物者也。且自誠意而往，正心、脩身、齊家、治國、平天下，何一而非行之事乎？仁兄歸罪於此，正如折獄者以嫌疑殺人矣。弟始終不爲煩言以亂聽，約而斷之，兩言而已，謂大學爲非孔、曾親筆之書，則固然已；謂大學爲非孔氏之道、曾氏之學，則必不可。蓋人未有外身、心、意、知、天下、國、家而可以爲人者，則未有能外八條目而可以爲學者。今且有人於此，事事物物，能明其理，意不妄發，心無私邪，視聽言動俱中禮而無愆尤·由是施於家而父子兄弟夫婦以宜，施諸國而君臣上下以定，施之天下而物物能使各得其所，其得謂之聖人之徒乎，其不得謂之聖人之徒乎？而尚何俟【南京本作「待」】深言也！而又何禪之可以附托乎！

　　至於性觧，古之聖賢，發明已經餘縕【疑當作「蘊」】，

學者但彙經書之言性者，參以先儒論說而驗之身心，以及天地萬物，則有以默識其所以然者，又何必更爲之解？解而同乎古之人，則可以不作，若將求異乎古之人，則已自蹈不知妄作之病，陷於惑世誣民之罪。古人有言，曰「前有千古，後有萬年」，不可不慎也。誠使此言與身俱朽，則亦已矣。使其身死而言傳，窮都未學，無知之子，爲其惑亂者有之，何足當知言君子之鄙棄誅責哉！弟嘗深疾夫近代之好爲異論者。如體用本一原也，而倡爲有體無用、有用無體之說，三教本三門也，而倡爲三教一門之說。知行本二也，故言知先行後可也，知行並進可也，而倡爲「知行合一」之說。君子反經而已矣，權亦只是輕也，而世之學者，好爲達權通變，經不足守之說。以是人心壞、學術害，橫流所極，至於天地易位，生民塗炭，而未知其所止息。有志斯道者，不能惕厲脩省，屹爲百川之障，而尙將憑臆奮筆，推波而助瀾，何也？

　　仁兄<u>大學辨</u>始出之時，相知論難紛紛，爭之甚力。弟以爲學問之事如登山者移步換形，以兄日新之功，不久當自悔之，無俟【南京本作「待」】多其論難也。故雖有以辨言勸弟者，亦有以不言責弟者，而弟未嘗與仁兄極論。今倏忽四五年來，朋友之論寖息矣，而仁兄信之猶深，執之彌堅。夫朋友之論寖息者，非誠降服於心也，

度兄之勢不可以復挽，故引不可則止之義，以全交耳，
仁兄勿謂遂能推倒一世之人也。吾人株守一隅，所交不
過一二百里人士耳，然已不能無相異同。仁兄之意，方
謂天下非之而不顧，異同知所不恤，然能考之古人而不
悖乎？揆之大道而無詖乎？

　　仁兄平昔有云：「道理要當信之於心，未可全憑古
人。」夫心何常之有！人心不同，有如其面。惟斯理，
天下古今一也。推其本末，心即理也。陸氏之說，而王
氏祖述之。亦非陸氏【「陸」下原衍「志」字，依楊園全集刪】
之說，西來直指心體之說，而陸氏符合之。此說一倡，
師心自用之學大熾。推其流極，弒父與君而無不忍。何
也？吾心信得過自己無有不是處也。莊周「聖人不死，
大盜不止」，或亦激於文弊之言。浸淫至秦，李斯用事，
廢井田，開阡陌，罷封建，置郡縣，焚詩書，坑儒士，
舉聖人之迹一掃而無遺，是亦剖斗折衡之效也。學術之
際，何可不慎也！使當時學者循循焉慎守「好古敏求」
之訓，處士不敢橫議，何至流毒若是之烈哉！

　　弟辱與仁兄有同學之誼，又念舊友如開美、仲木俱
已凋謝，吾等未及泉壤，正宜互為切磋，以求一日之當
於道。詩曰「他山之石，可以攻玉」，言石之賤或為玉
之所資。兄之他事，弟心儀而行式者至多，惟此未愜於
意，不敢苟同苟合，亦非所以求勝。苟合求勝，皆小人

之道也。弟雖不肖，亦知所克治矣。不盡縷縷。元注：
此丁酉劄也。越二年而衰仲去世，乾初與予，不意今茲
尚存。衰病日深，業不加益，自顧惕然，一息未已，如
何不念「朝聞」耶！顏氏子錄而藏之，十有四載，出以
視予。其鑑予所感而勉之矣。維恭且長，其亦知父之心
乎！庚戌冬日識。

答惲仲升書

七月中，許大辛北訪之便，弟附一書，略報三月十
七日賜書之意，而大辛中道遽返，書留靈巖，想遂達記
室耶？弟之狂瞽，獲戾前賢，荷長兄賜教，拳拳切切，
雖父兄之教子弟，無過此者。若猶強辨，則自是也，好
勝也，豈敢然哉！既而思之，弟自辨大學以來，凡同人
之惠教者，靡不一一條答，無所於隱，而長兄之教，弟
默然，未免異同，又終違直道事人之旨，故敢卒辨之，
惟仁慈財察。

大學之違經訓，可言者不一，而兄所引據以護大學
者，獨稱知及章及「聖知終始」為說，則又不能無言者。
子曰：「知及之，仁不能守之，雖得之，必失之。」知
及之得，非即知止之得乎？夫子危言得，而大學修言得，
此其所以大悖也。至仁守、莊涖、動禮，與大學尤不可
強合。夫子反覆言知及之不足恃，竝仁守、莊涖猶未足
全恃；而大學三、四、五節回環反覆，只歸重一知，與

聖訓正相刺謬。蓋<u>大學</u>言知不言行，一語是定案。誠、正、脩、齊、治、平，是推言格致之效，非行也；猶上定、靜、安、慮、得是知止之效，竝明、新、止善皆指成效言。<u>大學</u>只言效驗，不言工夫，工夫惟在格致，竟是薄團上生活，故曰禪也。老、莊已是禪宗，況漢儒耶！

　　「聖知始終」，姑就樂之條理而言。然條理雖有始終，只是一氣，無間可截，故借以形容大成之聖耳。其實知即聖之知，聖即知之聖，那分得先後！讀末節文益見矣。曰先巧後力猶可，豈可曰先中後至耶？如不可言先中而後至也，則竝未可言先巧而後力也。惟其巧力俱到，中至同的，故稱善射，何得遂以「聖知始終」為<u>大學</u>分謗乎？惟<u>孟子</u>、<u>中庸</u>明善、誠身等語，與<u>大學</u>格致誠正形似而實非也。曰誠身，便已合內外、徹始終而為言，與<u>大學</u>之誠意迴別；而明善即誠身中事，正是陽明「非知不可謂行，非行不可謂知」之旨，而非有先後也。

　　弟年來筆札，辨論雖多，理則一貫。<u>大學</u>辨非，則<u>性解</u>、<u>氣情才辨</u>亦未必是；<u>性解</u>是，則<u>大學辨</u>亦未必盡非也。弟欲求性于實，宋儒求性于虛，其言正相反。兄既許弟之言性矣，而又曰「<u>張子</u>「性通極於無」，<u>程子</u>『才說性便不是』等語，未可盡撥」，何也？記「人生而靜」，弟已闢之為禪，<u>孟子</u>道性善，舉四端之心為言，何嘗說到人生而靜以上去？<u>程子</u>至云「人生而靜以上不

容說，才說性，便已不是性」，此何語也？不直求之無何有之鄉不止矣。惑世誣民，充塞性學，無若此之甚者，安可訓耶？「寂然不動」，自是贊易，亦只言其無思爲耳。未發對已發言，要豈曾說到人生而靜以上乎？兄又援之以護張、程，何也？直是聖學絕續攸係，故不得不言，不敢不言，而何氣魄功能之有哉！弟總不敢侈辨，據尊教所及，節引一二段求正，餘悉以類之，皆渙然冰釋矣。

至以言行爲訓，最爲切實。「言行」即「知行」之別名。知之故言之，言而不行，正弟所深痛者。尊教及此，直是刺心刻骨。弟誠多後矣，然弟之所言即行也，非言也。學者扶綱植紀，反躬實踐，則以行爲言；守先待後，崇正黜邪，則亦以言爲行，顧其言誠何如耳。方今聖路榛蕪，急待驅除，所望僇力同心，共闢詖淫，偕之大道。後死之責，無過於此。吾輩不死，不官不農不圃，優遊待盡，何異朽木！誠默默而生，無若諤諤而死。

凡弟所言，皆犯死道。然爲之而不悔者，其志其事，誠可哀憐。求名乎，好勝乎，立異乎？求名耶，則弟自此將大受惡名。好勝耶，則弟必不能以一人之私，勝古往今來百千萬億公是非之口。立異耶，不自異於流俗，而自異於大賢，至愚不爲。今之所爲程、朱，人人自以爲孔、孟復出，奉之者爲正學，倍之者爲異端，顧不正

之立，而反立異乎？三者無一于心，昭然可見。然弟猶汲汲皇皇，閔不知畏者，將以何爲也？語云：「千人所指，無病而死。」凡弟之所言，指之者豈直千人而已。同人即不論，上則儼有先聖賢、先師友之神靈赫臨之於前；下亦代有辨黑白、別疑似之公心紛議之於後。弟寧不知愧懼，而自信若是？抑聞之，「志士仁人，無求生以害仁」，將或有必不可奪者在也。

　　恃同堂之愛，不覺直言至此，死罪！死罪！至長兄愛弟之切，憂弟之深，誨弟之篤，則固已銘之肺腑，死且不朽。茲者之言，誠非得已，勿以狂愎，遽斷來章。肺病委困，草泐不恭，伏維矜恕！

　　書大學辨後　乙未

　　嗟乎！使大學經傳於聖教之晦明絕續無大關係，書雖僞，確必不敢爭，爭之亦不至如此其力矣。孟子曰：「無是非之心，非人也。」而楊、墨之辨，性善之爭，至久而未解，寧習俗之錮深歟！

　　僕自去歲六月，始作大學辨，辱同人厚愛，遺書勸止，不能但已，遂多言論。聞之：無心謂之過，有心謂之惡。況夫詆排前賢，飾非拒諫，惡將比之弒父與君，在人人得誅之例。無慮智愚，咸知其不可，而確猶怗怗如彼者，不敢顧一人之身名，而忘千秋之道術也。記有之：「與仁同過，然後其仁可知。」而確不惟然也，且

與不仁同惡。將下愚不移之性獨與人殊，亦不幸之罪猶未足棄於君子者乎！

今年三月，桐鄉張考夫至龍山，龍山友人亦稍稍集，襄復不量，次而錄之，以徧質諸君子。其即賜之斧鉞，無所逃罪。若曰是再三之瀆而終莫我告也，則確且它憨死無地矣。

清　崔述　考信錄

觀書餘論七則

　　前提要中統論考古得失，有未盡者，往往續有所論，補錄於此。

　　吾曩日讀書不多亦未嘗深思博考，每見人有據尙書僞孔傳及世所傳詩序以駁宋儒，謂其『師心自是』者，余心以爲魏晉以後人尙詞章，不重經學，先漢名儒之說失傳者多，故後人不之見，以致此耳。近始知其不然。經學之荒非不重經學之故，乃重經學之所致也。何者？隨唐之際，人未嘗重經學，然駱賓王討武氏檄文云，『公等或居漢地，或協周親』是其於『周親』二語仍用漢孔氏論語注，不用尙書僞孔傳之說也；李華弔古戰場文云，『周逐玁狁，至於太原；旣城朔方，全師而還，』是其於出車一詩猶用漢班固馬融舊解，不用衞宏詩序之說也。蓋唐自中葉以前，士大夫尙知學古，雖不深通經義，

然往往有沿用先漢名儒之說而未改者。又其時以進士爲重，庸劣者乃赴明經料，以故僞傳，衞序不甚行於當時。天寶以後，士習日卑，入惟知重富貴：重富貴則不得不敢料第；取料第則不得不趨風氣。由是雖進士亦不復學古，況於明經，更不待言，惟遵功令，習孔穎達之五經疏（僞傳衞序皆穎達五經疏內之文），先漢名儒之說遂無復有寓目者矣。至於有宋雖知崇重經學，然沿唐末五代之習已久，師弟子相授受皆視僞傳衞序若天柱地維之不可移易者。雖有一二名儒駁其舛謬，然沿其舊說者尙多，而世且有以駁之爲非者，欲求如駱賓王李華者不可多得矣。尤可異者，鄭樵之駁衞序亦尋常事，而陳振孫，馬端臨極力排之，若斷不可容於世者。豈非少而習之，其心安焉，遂以爲固然哉！甚矣，科第之能變人心而晦聖道也！嗟夫，唐太宗以明經設科取士，誠欲士之通經學古也，而經義反以之而晦，古學反以之而衰，此豈當日之所料及者哉！其亦可嘆矣夫！

嶺表錄異云，『兩頭蛇，嶺外多此類，一頭有口眼，一頭似蛇而無口眼。云兩頭俱能進退謬也。昔孫叔敖見之不祥，乃殺而埋之。南人見之爲常，其禍安在哉！』觀其所言，仍係一頭蛇耳。尾端並無口眼，豈得謂之兩頭！松江丁先生（諱夏陛）言館道署時，有一僮見兩頭蛇，不知爲不祥也，持之徧以示人。至書室，丁先生見

之，令速將出。其蛇兩頭皆在一端，相並而生。其後月餘，僅死。豈見之果不祥邪？抑偶然邪？蓋此蛇乃戾氣所感，蛇中之妖，非別有此一種蛇生生不已者，故人以見之者爲不祥。嶺外所謂兩頭蛇者，乃蛇中之一種，亦何足怪而以爲不祥乎！蓋嶺外人聞有兩頭蛇之名，見此蛇尾形似頭，遂妄以呼之耳；猶鄉中之人呼臘梅爲梅花，晚粳爲茉莉，苦瓜爲荔枝也。使嘗見兩頭蛇，則知嶺外之蛇非孫叔所見矣。唐人諺云，『凌樹稼，達官怕』近世說者亦有以爲即春秋所書之『雨木冰』者。然雨木冰余嘗見之：雨著於樹，水皆凝而爲冰，如衣然，如甲然，與樹稼絕不類。樹稼乃霧所凝，河北常有之，使嘗見雨木冰，則知樹稼非春秋所書矣。語是言之，天下之本不相涉而誤以爲一者豈可勝道哉！此目前之物猶如是，況乎唐虞三代之事無由目覩者乎！故炎帝也而以爲神農太皥也而以爲包羲，重也而以爲羲、黎也而以爲和，庭堅也而以爲皋陶，伯翳也而以爲益，阿衡也而以爲伊尹，南宮敬叔也而以爲南容，但據後人之訓詁，遂不復考前人之記載。復何怪夫以一頭蛇爲兩頭蛇而以樹稼爲木冰也！

　　昔有以知文名者，或取徐渭文僞稱唐順之作以示之，即書其尾云，『非荊川不能爲此文』——荊川，順之號也。小說載有馬生者，以其詩示人，人咸笑之；乃

假扶乩稱康狀元海詩，座客無不贊者。嗟夫，世之不究
其實而但徇其名者豈獨一二人哉！賈誼之鵩鳥賦又見於
鶡冠子：夫誼感鵩鳥而作賦，自言己志，必非襲人之言
明甚；而世乃以爲誼錄鶡冠子者，世稱鶡冠子爲戰國時
人故也。『君子思不出其位，』論語所記曾子言也，而
易大傳亦有之：易傳所以釋經，但取有合卦義，原不妨
兼采前人之言，若曾子則必不冒前人之言爲己言明甚；
然世乃以爲曾子之言本於易傳者，漢儒稱易傳爲孔子所
作故也。魯語柳下惠之述祭法，其文又見於戴記之祭法
篇，而以四代郊禘之制置諸篇首，以其全文置諸篇末，
前文記祀有稷而無舜，後文敘功，有舜而無稷，先後倒
置，首尾衡決，其爲勦襲前人之言明甚；然世反以爲國
語之文采之此篇者，漢儒稱祭法爲周公所制故也。中庸
『在下位』一節明明采之孟子：而僞家語誤以爲孔子答
哀公問政之言，至『擇善固執』止，載之於問政篇中；
世遂以爲孟子采中庸，中庸采家語也。夫孟子述孔子言
多矣，皆冠以『孔子曰，』何以此五獨冒之爲己言？且
此文本開後文『誠明』之說，初與哀公無涉，豈得入孔
子口後；而僞家語之淺弱亦非難辨，然世乃云云者，以
中庸爲子思所作，而誤爲僞家語爲即漢儒所傳之真家語
故也。至如僞尙書之『爲山九仞，』『不學牆面』本之
論語，而世亦以爲論語本之尙書；僞孔傳之說多本之王

肅，而世亦以爲王肅私見孔傳：諸如此類，不可悉數，
豈非以其名哉！甚矣徇名者多而究實者少也！安得見世
有真能辨黑白之人而與之暢論古書也哉！

　　周庾信爲枯樹賦，稱殷仲文爲東陽太守，其篇末云
『桓大司馬聞而嘆曰』云云。仲文爲東陽時，桓溫之死
久矣。然則是作賦者託古人以自暢其言，固不計其年世
之符否也。謝惠連之賦雪也託之相如，謝莊之賦月也託
之曹植，是知假託成文乃詞人之常事。然則卜居，漁父
亦必非屈原之所自作神女，登徒亦必非宋玉之所自作明
矣。但惠連，莊，信其世近其作者之名傳，則人皆知之；
卜居，神女之賦其世遠，其作者之名不傳，則遂以爲屈
原，宋玉之所爲耳。推此而求，則戰國以前帝王聖賢之
事爲後人所託言者蓋不可勝道矣。然當其初讀之者亦未
必遂信爲實，但姑妄言之，姑妄聽之耳；既而其傳日久，
矜奇愛博者多，或徵引以備典故，或組織以入詩賦，而
淺學之士習於耳目之所見聞，遂以爲其事固然，而編古
史者因采而輯之，論古人者遂據之以爲其人之是非優
劣，而古人之冤遂終古不白矣。近世有作鬼方記者，云
『殷高宗伐鬼方三年克之，使鬼谷先生守其地，』其寓
言正與庾賦同。若不幸傳之後世，淺學者必以鬼谷先生
爲殷時人，不則以爲有兩鬼谷先生矣。

　　世傳宋梁灝及第時，年八十二，且載其詩云，『天

福二年來應試，雍熙三載始成名。』又云，「觀榜並無朋輩在；歸家惟有子孫迎。」又載其謝表云，『白首窮經，少伏生之八歲；青雲得路，多太公之二年。』然據宋人諸書所載，灝及第之時年方壯盛，不知何以有此說也？蓋天下原有一種好事之人專爲新奇可喜之說，有因在疑似之間而附會之者，亦有毫無影響而憑空撰爲此事者；此乃常事，不足爲異。故萬章以孔子之主癰疽寺人爲問，而孟子曰，『好事者爲之也。』近代之事猶致失實如此，況三代以上，世遠書軼，而戰國橫議之士誣聖賢以自便其私，其失實者寧可勝道哉！惜乎孟子生於戰國之初，所已辨者少，所未辨者多也！嗟乎，孔子之主癰疽寺人，孟子辨之，則人皆知其無；公山佛肸之召孔子，孟子未及辨之則人以爲二人果嘗召孔子也！孔子曰，『舉一隅，不以三隅反，則不復也。』孟子曰，『古之人所以大過人者無他焉，善推其所爲而已矣。』安得世有讀孟子之書，推孟子之意，能以三隅反者而與之上下古今也！

　　古人之書往往有後人所補續及竄入者。史記武帝本紀等篇漢書古今人表等篇及後漢書諸志皆後人之所補列女傳東漢諸人皆後人之所續，是也。史記文史往往敍及元成時事，此則後人所竄入者也。意所竄入尚不止此，但無別本可校；亦必不止史記如是，但不見於傳記，無

從知耳。惟經亦然。孔子作春秋至『獲麟』而止，而左氏春秋乃終於哀公之十六年，而孟子七篇之外亦別有外篇四篇，是也（孟子在十三經中）。所幸傳春秋者五家，尚存三家，公羊，穀梁所傳經文皆無獲麟後三年之事，故得知其非孔門原本。孟子則本存外篇之名而趙君去古未遠，識足辨其真偽斷然刪而去之故後人得不為其所惑。惟論語舊有三本，諸家篇章亦各不同，不幸遇一張禹采其文而合之，又不幸而禹至至三公，當漢之末，人皆趨富貴而薄品誼，輕學問，遂爭效其所為以取爵祿，於是諸家之本陸續皆亡，無可校其真偽，公山，佛肸兩直遂莫不信以為實矣。康成去古未遠，諸本猶有存者，乃亦沿時陋習，不加校正，已堪嘆惜；朱子一代大儒，乃亦不為詳考而明辨之，尤不可解也。近世以來，學者惟務舉業，看講章，讀墨卷，自講章墨卷外諸書皆不寓目，春秋，孟子，史，漢原委亦都不復理會，但知此兩章在論語中耳。論語何人所傳，何人所更定，是否漢初諸家之本，茫然不知，無怪乎其見此說而大駭，而卻步而走也！

余少時讀書，見傳記之文多有可疑者，經文中亦有不相類者，然前人言及之者甚少，心竊怪之。間以語人，人亦罕有覺其異者，心益怪之。夫古人之書，真偽高下昭然於耳目間，曷為讀之而皆若弗見也，若弗聞也者？

近數年來，年六十有餘矣，始恍然悟其故，然後知學問
之無窮也。南方夏晝短於北方，冬晝長於北方，此余十
餘歲時觀時憲書而知之者。壯年數客於外，與南方人酬
醼往來，及北人之嘗遊於南者，往往述其風土人情，獨
未嘗言及此，皆如不知者然。及余作吏閩南，親驗其實，
則夏晝較北果短，冬晝較北果長，與時憲書之言脗合。
然北人在閩及閩人之嘗遊於北者仍未嘗言及此，亦如不
知者然。此何故哉？夫時憲一書家家所有，少識字者皆
能觀之，而閩中冬夏晝之短長於北者四刻有餘，何以皆
如不見而不聞也？嗟夫，此顯然者猶且如是，況古書之
真偽高下而猶望其能分別之，甚矣余之少年不更事也！
莊子稱『藐姑射之山有神人居焉，大旱，金石流，土山
焦而不熱，』將民所稟者厚則外物當其前而不覺與？嗟
夫，是何今日藐姑射神人之多也！

洙四 考信餘錄卷之一 曾子

　　子曰：「參！乎吾道一以貫之。」曾子曰：「唯」
子出門人問曰：「何謂也？」曾子曰：「夫子之道，忠
恕而已矣。」(論語里仁篇)

　　先儒釋此章者皆以『一貫』之詔爲孔子傳道於曾子：
所謂一者，萬理渾然，非忠恕也；曾子但借學者進修之
目，欲人之易曉耳。余按，顏淵問仁孔子曰：『非禮勿
視，非禮勿聽，非禮勿言，非禮勿動』仲弓問仁，孔子
曰：『出門如見大賓，使民如承大祭；己所不欲，勿施
於人』子貢問博施濟眾謂仁乎？孔子曰『仁者，己欲立
而立人，己欲達而達人』。所言皆用日用尋常平易切實
之事，凡學者皆可以致力，雖大賢由之而未能盡，從未
有高遠深微，難以名狀，使人無從致其力者。顏淵曰：
『夫子循循然善誘！人博我以文，約我以禮』果有祕密
之傳一言可悟道孔子何不以告顏子，而使之勞勞於博文
約禮之中乎。蓋曾子子貢其資皆不逮顏子，而用力之勤
則諸弟子莫有及之者；但勤而未得其要，故以一貫詔之。

此乃因所不及而教之，非以一貫爲傳道，亦非人人皆當
聞一貫之旨而後爲聞道也。孔子言一，不言一爲何物，
既曾子以爲忠恕，則是一即忠恕也。謂一非常忠恕，則
是曾子欺門人也。且一既非忠恕，果何物乎？名之而不
能名也則曰：『萬理渾然』而已。萬理渾然又何物乎？
既終莫能名之，則又曲爲之解，謂『聖人之一，不待盡，
不待推者也；學者則盡而爲忠，推而爲恕者也。』夫不
待盡而自忠，謂之非忠，可乎？不待推而自恕，謂之非
恕，可乎？由是言之，孔子之所謂一，即忠恕也，曾子
不予欺也。大抵儒者之論皆患在於過高，欲求加於忠恕
之上而不知其反陷入於空虛無用之地。吾寧遵曾子之言
使學者皆有所持循，不敢從宋儒之說使聖道漸入於杳
冥。且一之爲何物門人不知，一之非忠恕，曾子不言：
門人不知，曾子不言，而朱子生二千餘年之後，獨能默
默與聖人之心相契而有以知之，吾恐朱子之賢或尙未至
於此。嗟夫，自以孔子之一貫爲傳道，而世之學者莫不
喜捷得而憚勤求矣；自以一貫爲非忠恕而世之學者得不
談虛理而遺實事矣！象山開其源，陽明揚其波，舉天下
聰明豪傑之才咸以禪理爲宗門，頓悟爲心法，至於明季
而遂不可收捨。乃世之混同朱陸與軒陸輕朱者輒謂象山
高明而朱子平實。彼象山者，吾不知其高明何在，第恐
朱子平實之中尙未免有一二之過於高深者存也。

洙四　考信餘錄

子貢史記，『端木賜衛人，字子貢。』

『子曰：「賜也，女以予爲多學而識之者與？」對曰：「然；非與？」曰「非也，予一以貫之。」』（論語衛靈篇）

先儒謂曾子之聞一貫直應曰『唯，』而子貢曰『然，非與，』不能直應無疑，是其不逮曾子者也。余按，孔子之詔，門人皆當應之，必不默然無言；而獨記曾子者之『唯』者，爲下文門人不解而問曾子張本耳。若子貢乃因孔子先以云云問之，故有『然，非與』之答；曾子則未曾有此一問而直告之，故不容多此一答也。今試取參乎章刪『曾子曰唯』四字，則下文門人之問無根；取多學章增『子貢曰唯』四字，則贅而無味矣。讀古人書當細玩其前後文義，不得強取一二字句爲其人優劣也。

洙四　考信餘錄

『費惠公曰：「吾於子思則師之矣；吾於顏般則友之矣；王順長息則事我者也。」』（孟子）

按，孔子沒後，諸弟子之賢者多矣；諸弟子之後，鄒魯齊魏之問羣賢聞風輩起然也多椎子思；惜乎所著之書不傳，而世所傳中庸者特出於後人所撰，無山而徵其造詣之淺耳。然孟子屢稱子思，荀卿雖之，然以子思孟子同稱，則其賢固非他人所可及也。故今錄於諸賢之後。

世傳戴記中庸篇爲子思所作。余按，孔子孟子之言皆平實切於日用，無高深廣遠之言。中庸獨探賾索隱，欲極微妙之致，與孔孟之言皆不類。其可疑一也。論語之文簡而明；孟子之文曲而盡。論語者，有子，曾子門人所記，正與子思同時；何以中庸之文獨繁而晦，上去論語絕遠，下猶不逮孟子？其可疑二也。『在下位』以下十六句見於孟子，其文小異，說者謂子思傳之孟子者。然孔子子思之名言多矣，孟子何以獨述此語？孟子述孔子之言皆稱『孔子曰，』又不當掠之爲己語也。其可疑

三也。由是言之，中庸必非子思所作；蓋子思以後，宗子思者之所爲書，故托之於子思，或傳之久而誤以爲子思也。其中名言偉論蓋皆孔子子思相傳之言；其或過於高深及語有可義（若『追王大王王季』之類）者，則其所旁采而私益之者也。又『哀公問政』以下，家語亦有之，至『擇善而固執之者也』止其每隔數語即有『公曰』云云以發之。朱子以『博學』以下爲子思所補，而『公曰』云云乃子思所刪。余按，論語所記孔子之言未有繁至數百言者而繼絕舉廢，朝聘以時，皆天子之事，孔子之告哀公何取焉？蓋孔子之答哀公本不過十餘言，其後則撰書者推衍其說，是以好『好學』之句又以『子曰』發之。近世所傳家語，本後人所僞撰，彼蓋不知孔子之言之於何止，故采其文逮於『擇善固執』耳。其『公曰』云云者，詞理殘陋，且增此數問，前後文義間隔不通，乃其所妄增無疑也。嗟夫，中庸之文采之孟子，家語之文采之中庸，少究心於文義，顯然易見也，乃也之學者反以爲孟子襲中庸，中庸襲家語，顛之倒之，蟲不以其名哉！韓子云，『然後識古書之正僞，』嗟夫，嗟夫，此固未可以輕言也！

世傳中庸四十九篇，而今戴記止有中庸一篇；說者謂其四十八篇已亡。以余觀之，今世所傳中庸非一篇也。何以明之自『天命之謂性』至『惟聖者能之』僅數百言，

而『中庸』之文凡見，『中』之文凡六見，其餘他文亦皆與中庸之義相關。自『君子之道』以後數千言皆與中庸之義不相涉；『中庸』之友僅一見，而又與『廣大』『精微』『高明』之文平列，非意之所甚注。其可疑者一也。『君子之道』以下皆言日用庸行之常，『鬼神之爲德也』以下皆言禮樂祭祀之事，迴不相類；『哀公問政』以後詞意更殊。朱子曲爲牽合，以『道不遠人』三章爲『費之小者』『舜其大孝』三章爲『費之大者』『哀公』以後爲『兼小大』其說固已矯強而鬼神章明言祭祀之事，乃以鬼神爲道爲一氣之屈伸，而以『齊明盛服』數語爲借祭祀之鬼神以明之，一章之中，鬼神凡爲兩說，委曲宛轉以斬合於『費隱』之義。其可疑者二也。自『天下至誠爲能盡其性』以下皆分『天道』『人道』而『愚而好自用』二章其文不類，『聰明睿知』二章其序不符，則又以『小德』『大德』『不倍』『不驕』分釋之。愚而好自用章以爲不倍，固已；王天下有三重章其爲不驕者何在？其可疑者三也。按，漢書藝文志稱樂記二十三篇今戴記亦止一篇；然以史記及前人之說考之，則今樂記實十三篇，戴氏刪其十篇而合此十三篇爲一耳。然則中庸亦當類此：蓋氏刪其三十餘篇而取其末刪者合爲一篇也。以其首篇言『中庸』故通稱爲中庸，猶首章言『檀弓』遂通稱爲檀弓，首章言『文王世子』遂通稱爲文王

世子也。古者以竹爲簡，其勢不能多；後世易之以紙，故合而錄之，因不復存其舊目耳以今中庸通爲一篇而謂四十八篇盡亡，誤矣。

中庸不但非一篇也亦不似出於一手者：其義有有極精粹者，有平平無奇者，間亦有可疑者，即所引孔子之言亦不倫。何以參差若是？其非一人所作明甚，細玩則知之矣。

先君教述訣書法

一、自述解語後即教之識字。遇門聯扁額之屬必指示之。或攜至藥肆即令識藥題。務使分別四聲。字義淺顯者，即略爲詮釋。識字稍多，則令讀三字訓若神童詩，隨讀隨爲講說。以故述授書時，已識之字多，未識之字少；亦頗略解其義，不以誦讀爲苦。即先君有事，或不暇授書述亦能擇取其淺顯者讀之。

一、述五歲始授論語，每一字旁必硃書平上去人字，不使誤於方音。每授若干，必限令讀百徧，以百錢置書左而遞傳之右。無論若干徧能成誦，非足百徧不得止也。既足則令少憩，然後再授如前。論語畢，繼以孟子小學。每日不過一生書，一溫書，不令多讀，恐心不專故也。惟大學中庸乃先孺人於黃昏時口授述而成誦者，大約亦在五六歲時也。

一、論孟既畢即令述讀朱子小學，以小學乃日用躬

行之要，而文義亦易解，宜於初學。以故述自居家以至作吏，皆不敢有蹉跌，以有先人之言爲主故也。

一、南方人初讀論孟即合朱子集註讀之；大學中庸章句亦然，北方人則俟四書本文皆成誦後，再讀經一二種，然後讀四書註；而讀註時亦連本文合而讀之。先君教述讀註皆不然。經文雖已久熟，仍令先讀五十徧，然後經註合讀亦五十徧。於溫註時亦然。謂讀註當連經文，固也，讀經則不可以連註。讀經文而連註讀之，則經文之義爲註所間隔而章法不明，脈絡次第多忽而不之覺，故必令別讀也。

一、世俗讀朱註者多所刪削，有兩說者必刪其一，甚至『某氏曰』『愚謂』等字亦刪之，文氣往往不貫。先君教述讀註，惟圈外註有與經旨未洽者不讀，其餘皆讀，不肯失其本來之面目也。

一、易自朱子始復古本之舊。至明復用今本刻朱子本義，坊聞邃無復齮古本者。先君乃遵古本，手自抄錄俾述讀之。

一、先君課述兄弟讀書，務令熟，每舉前人『讀書千徧，其義自見』之語以勗之。

十餘歲時滿，每夕侍寢，必令背誦舊所讀書若文。且醒後亦如是。從行道中亦然。非止欲玩其理，亦兼以閑其心。述兄弟舉於鄉，暇中猶時命之背誦；有不記憶，

則呵叱之令補讀焉。

一、令人讀書惟重惟重舉業，自四書講章時文外，他書悉所不問。先君教述，自解語後即教以日數官名之屬授書後即教以歷代傳國之次，郡縣山川之名，凡事之有益於學問者無不耳提面命之。開講後，則教以儒禪之所以分，朱陸之所以異凡諸衛道之書必詳爲之講說，神異巫覡不經之事皆爲指析其謬。以故述自成童以來，閱諸經史百家之書不至『河漢而無極』者先有以導其源故也。

一、先君教述兄弟，從不令閱時下講章，惟即本文朱註細爲剖析。有疑義，則取諸名家論辨之書，別其是非得失而折衷之。若陸稼書先生之大全困勉錄，松陽講義尤所愛玩，不時爲述講授者。

考信附錄卷之一

一、先君教述爲舉業，必令先自化名家人手，以泰安趙相國所著制義綱目及所選文統類編爲金針，使之文從字順，章法井然，合於聖人語氣，然後使讀嘉隆以後之文。每日，『作文只是發揮聖賢道理，此外別無巧法』於天崇諸家內，有議論精卓，切於世事者，尤所深費，使述熟讀而效法之不令其揣摩風氣敷衍墨調也。一、先君教述兄弟雖嚴，然不禁其遊覽。幼時不過旬月，即攜之登城（城在宅後故爾）。觀城外水淼茫無際不覺心爲之曠。外城上禮賢迓旭兩臺，亦往往攜之登眺蓋恐共心滯而不靈故也，其後述每遇佳山水輒開朗，詩文加進，知幼時得力於景物者多也。

一、述自能行先君多以自隨，不使與羣兒戲。先孺人亦然。姻族兄弟有好戲弄闖彗者，必嚴禁述等不使與之接；雖至，必疏遠之。先君嘗館於鄉，以事他出先孺人召述等讀書於內室不使與館中諸童狎。由是述等不在父側，則在母側，市井之言罕接於耳，游蕩之行不經於

目。故今年雖已老，而自讀書外，聲色戲玩之事猶茫然無所解也。

述上有一兄年十一而殤，先君痛之甚。故述之覺也，鐘愛莫與比，行坐多自提抱之飲食居處無刻不縈於心，有疾則顧復撫摩，殊不自惜也。然雖愛之而未嘗縱之惟愛之愈不肯縱之。幼時兩餐皆爲餐限，非食時饑不敢擅食；市中所鬻餅餌從不爲買食之。衣取足以禦寒不令華美。有過輒督責之不少貸。每語述，『異目若居官，當以稼書陸先生爲法』而述舉行既無所成，僅治一縣，亦未見克有所展布，所爲承先志者止有考信錄一書。所以命名爲述者如斯而已乎？故備錄先君之所以教述之方，以見述之不才，有負於先君之善教。嘉慶己巳，男述謹識，時年七十，七月初七日也。

戊寅除夕，先君作詩示述。詩云，『壯強都浪擲；衰病此侵尋。奮勵難追，昔修持不懈今。閑家情嘖嘖啓後意深深。率教違嚴訓，賢愚爾自斟』時述十九魏城第一次水後事也。此槁偶存故附錄云。

先孺人最慈愛子女。述幼時在家中讀書當令之服手足之勞；或讀於外塾歸家後亦必令之少事奔走：恐其坐多而血氣滯，身弱易病也。北方晝長，盛夏未有不假寐者。述每自塾午歸，母即按之床上令睡，飯熟乃喚之起，恐其飯後盹睡致停飲食也。父母之愛子至矣哉，述幼而

贏弱，見者皆以余爲不壽，使非吾父吾母調護周備不能
至三十以後。猶記十四五歲時嘗得腹疾，先孺人百力爲
之營救，竟以漸愈。而述自念生平毫無報答之處竭力服
勞以養口體遂足盡人子之責乎！嗟乎，今生已矣！清夜
自思，徒增悲感。偶因今歲病中飲食起多不自適，不覺
億念及此，遂附記於家學之後，時余七十四歲也。

清　姚季恆　禮記通論

中　庸

　　予分出此帙，以爲僞中庸者，蓋以其爲二氏之學也。然非予之私言也，實有左驗，云：禮記，漢儒所定，中庸在第三十一篇。自劉宋戴顒始從記中摘出，撰中庸傳二卷。考史顒傳云：「漢世始有佛像，形製未工，父逵善其事，顒六參焉。」唐李綽尙書故實云：「佛像本外夷朴陋，人不生敬。今之藻雕刻，自戴顒始也。」晉、宋世，士人競尙佛教，顒與父首爲雕塑之制，蓋深信篤敬，乃能如此。其作此篇之傳，適與相符也。又梁武帝撰中庸疏二卷、私記制旨中庸義五卷。梁武之崇佛，世所共知，茲不更綴。至唐李翱益尊信是書，而論說之，創無滅情復性之說。其生平篤好禪學，五燈載其爲鼎州刺史，謁藥山問道，山答以「雲在青天，水在瓶」。翱忻愜作禮而述偈曰：「鍊得身形似鶴形，千株松下兩函

經。我來問道無餘說，雲在青天水在瓶。」迨至宋儒，益復從風而靡。周茂叔學于東林禪師，東林授以中庸，與言中庸之旨：一理中發為萬事，末復合為一理。茂叔受之，以授程正叔。正叔嘗言之，今章句載于篇端者是也。於是程門游、楊之徒，多為中庸解，朱仲晦相承以為章句，乃復抵其師說八淫于佛老，見章句序，楊中立授羅仲素及李愿中及朱仲晦。孰知其說殆有甚於游、楊之徒者哉。註者依文為言，大抵本文使然，非注之過，故咎注者皆非。若夫橫浦、慈湖一輩，又無論焉。近時明代相傳猶然，薛以身贈三峰藏詩云：「知君問我參周處，請看中庸第幾章。」羅念菴習禪學者，詩曰：「何人欲問逍遙法，為語中庸第一章。」徐世溥與克明上人書曰：「三乘五車，本無二諦。若求簡盡，莫過中庸。」尤展成文序曰：「中庸：不睹不聞，無聲無臭，尤近不二法門。」故昔人謂熟讀三十三章，已見西來大意，觀此則大概可知矣。然則好禪學者，必尚中庸，尚中庸者，必好禪學。中庸之為異學，其非予之私言也，不亦明乎？至若釋氏之待取而配合其教者益多，間詳篇中，然亦不能盡也。

　　大抵佛之與老，其形迹似同而指歸實別。偽中庸之言，旁趨于老餂，預啓夫佛氏，故其言有類老者，有類佛者，有一言而以為老可者，以為佛可也，則從其形迹而論也，具詳篇中。

中庸子思之言曰：「君子之道，辟如行遠必自邇，辟如登高必自卑。」今僞中庸所言，無非高遠之事，何曾有一毫卑邇來？與子思之言不啻若冰炭，則予之分別仍非漫然者，不得咎我以割裂也。

聖人教人舉而近之，僞中庸教人推而遠之。舉而近之者，只在日用應事接物上，如孝弟忠信以及視聽言動之類是也。推而遠之者，只在幽獨自處靜觀參悟上，如以不睹不聞起，以無聲無臭終是也。姑舉論語一二端言之，孔子出則事公卿，入則事父兄，喪事不敢不勉，不爲酒困，何有于我哉？聖人平日以此自省者，不離應事接物上見也。聖門高弟莫過顏、曾，孔子稱顏子之好學曰「不遷怒，不貳過」，夫遷怒貳過非在應事接物上見乎？曾子曰：三省其身：爲人謀，與人交，受師傳。非在應事接物上見乎？試以中庸較之，有片言隻字之合否？然則即使果爲子思之言，寧有不信顏、曾而又信子思者，又寧有不信孔子而反信子思者，是予之厘剔此帙以爲僞也，人亦可無疑而怪之矣。

學者依孔、孟所教，則學聖人甚易，人人樂趨喜赴，而皆可爲聖人。依僞中庸所教，則學聖人千難萬難，茫無畔岸，人人畏懼退縮而不敢前。自宋以後，中庸之書日盛，而語、孟日微，宜乎僞道學日益多，而真聖賢之徒日益少也，此古今世道升降一大關鍵，惜乎人在世中，

絕不覺之，可爲浩嘆！

　　僞中庸一味裝大冒頭、說大話。孟子曰：「言近而指遠者，善言也。」此則言遠指近，恰與相反。語、孟之言極平常，而意味深長，一字一句，體驗之可以終身行之而無盡。僞中庸之言，彌六合，遍宇宙，細按之，則杌然無有也，非言遠指近而何？

　　餘說見帖首中庸下，及後卷之大學下。

　　歐陽永叔曰：「禮樂之書散而襍出於諸儒之記，獨中庸出于子思。子思，聖人之後也，其所傳宜得其真，而其說有異乎聖人者，何也？論語云：『吾十有五而志于學，三十而立，四十而不惑，五十而知天命。』蓋孔子自年十五而學，學十有五年而後有立其道，又須十年而一進。孔子之聖，必學而後至，久而後成。而中庸曰：『自誠明謂之性，自明誠謂之教。自誠明，生而知之也，自明誠，學而知之也。』若孔子者，可謂學而知之者，孔子必須學，則中庸所謂自誠而明，不學而知之者，誰可當之歟？堯用四凶，其初非不思也，蓋思之不能無失耳，故曰：『唯帝其難之。』舜之于事，必問于人而擇焉，故曰：『舜好問』禹之于事，己所不決，人有告之言，則拜而從之，故曰：『禹拜昌言。』湯之有過，後知而必改，故曰：『改過不吝。』孔子亦嘗有過，故曰：『幸苟有過，人必知之。』而中庸曰：『不勉而中，不

思而得。』夫堯之思慮常有失，舜、禹嘗待人之助，湯
與孔子嘗有過，此五君子者，皆上古聖人之明者，其勉
而思之，猶有不及，則中庸所謂不勉而中、不思而得者，
誰可以當之與？此五君子者不足當之，則自有天地以
來，無其人矣。豈所謂虛言高論而無益者與？夫孔子必
學而後至，堯之思慮或失，舜、禹必資乎人，湯、孔不
能無過，此皆勉人力行不怠，有益之言也。若中庸之誠
明不可及則怠人而中止，無用之空言也，故予疑其傳之
謬也。」此歐公問進士策，予此書成後六年，閱其文集
始見之，既喜予說之不孤，而又愧予之寡學，見之之遲
也，亟錄之。（卷八六，頁一至五）

　　天命之謂性，率性之謂道，修道之謂教。

　　率性謂道，性中自有仁義，由仁義而行，乃謂之道。
雖大意可通，然不說出仁義一層，孟子曰：「仁也者，人
也，合而言之，道也。」只似籠統語，未免泛混，便類「生
之謂性」之說，以致「以性爲惡」，種種弊端矣。老子
曰：「失道而後德，失德而後仁，失仁而後義。」彼以
氣化爲道，故自離根如此，而淮南子據中庸解之曰：「率
性而行謂之道，得其天性謂之德。性失然後貴仁，道失
然後貴義。」按：老子既將二義與道判而爲二，淮南復
將仁義與性判而爲二，益舛矣，則固中庸籠統泛混之言，
有以啓之也。

「率性謂道」一句，泛混尤在「率」字，蓋率字下得甚輕，故宋儒解此，兼人物而言。蓋人率人之性，牛馬率牛馬之性，若是則同人道于牛馬矣，非類「生之謂性」之說而何？此孟子所以致詰于告子也。或咎宋儒解兼人物之過，不知非宋儒之過，而作者之過也。

妙喜以「清淨法身」，配「天命之謂性」；「圓滿報身」，配「率性之謂道」；「千百億化身」配「修道之謂教。」釋氏多援引中庸，實以其言，與彼教合也。不然，何以不援引語、孟，而獨援引中庸乎？此其可思矣。故披覽釋言，偶有所見則志之，以見予之非私言也，後倣此。（卷八六，頁一一至一二）

是故君子戒慎乎其所不睹，恐懼乎其所不聞。

「戒慎」二句，老子「致虛」「守靜」之說近之，又莊子「尸居而龍見，淵默而雷聲」亦頗切合，而大意則全類乎禪。聖人教弟子自入孝出弟，謹信愛眾，親仁學文，以及成人處而敦行講學，出而爲政治民，無非應事接物上，固未嘗教以獨處靜坐也。故不睹不聞之說，從來無之，即如習隱之流，聖人之所不與。然而隱者亦耦耕荷蕢，汲汲于資生，又何嘗獨處靜坐乎？聖人又教爲學者曰：「吾嘗終日不食，終夜不寢。以思，無益，不如學也。」夫能思亦善矣，聖人猶慮其卸于虛也。必教之以爲學之實功焉。下此者則又教之曰：「飽食終日，

無所用心，難矣哉。不有博奕者乎，爲之猶賢乎已。」
非賢博奕也，亦欲其有所事事耳。夫不用心者，賢之以
博奕；用心者，進之以爲學，聖人之意從可見已。若夫
釋氏世出世間，以參禪入定爲功，以結制打七爲限，如
是而終其生在不睹不聞之時，故曰全類乎禪也。乃陋學
無識之徒，習成異端，專教學者靜坐，豈不哀也哉？然
而即曰「戒慎恐懼」，亦非不善，豈反欲其懈惰恣肆耶？
又非也。聖人教人戒慎恐懼，亦只在睹聞時，如顏子問
爲仁之「目」，告之以視、聽、言、動；仲弓問，告之
以出門使民，不欲勿施，皆非不睹不聞時也。而其所以
不教人在不睹聞上用力者，一則聖人設教，必不強人以
苦難；一則本不可以此爲教，苟以此爲教，則有體無用，
語內遺外，豈成吾儒之正學。故雖時未有佛教，而已驟
驟乎若預防其流矣。由是而知聖人亦有獨處之時，固無
所用其戒慎恐懼也。其景象曰「申申夭夭」而已，曰「居
不容」而已，即教學者獨處之時，亦不教以戒慎恐懼也，
曰「居處恭」而已。嗟乎！後來時學者誤循其說，亦第
口耳相傳，未嘗身試究竟，不知果能戒慎恐懼也，不知
果能戒慎不睹、恐懼不聞否？如其未然，則是自欺也，
則是欺人也，安有自欺欺人，而尚可以爲學哉？請自深
思之。或解「不睹」「不聞」貼已身說，若然，則亦禪
家滅眼、耳二根之法也。六根僅滅其二而遺其四，不又

為釋氏所嗤乎？（卷八六，頁一三至一四）

喜怒哀樂之未發，謂之中。發而皆中節，謂之和。中也者，天下之大本也；和也者，天下之達道也。

喜怒哀樂之未發謂之中，予謂不謂之中，謂之「空」，可也，此釋氏「心空法」，對竟不起，湛如止水。天台三止觀：空一。，不空二。，空不空三。之說，亦如是。夫未發則無著，無著則不屬理道，不屬理道則安可謂之中？且謂之大本乎？宜乎劣士喜淺近之禪學，必奉此二字為祕密藏也。詳後。且推勘怒哀樂之未發，必至于推勘吾生父母未生前本來面目而後已矣。異學之徒，教人終日靜坐，觀未發時氣象，不盡驅天下學者入于禪和子不止，可嘆、復可恨也。王樵曰：「佛經千萬部，只說得喜怒哀樂之未發一句。」夫以未發對已發言且不可，況單言未發乎？其父報仇，子且行劫，亦勢之所必然耳矣。以其未發為中論之：堯舜「允執其中」之中，指理言，此以未發為中，指心言。指理言，則共之于人，故孔子言「舜用其中于民」。指心言，則獨用之于己，合眼低眉，袟悟而已，于他人有交涉耶？孔子又曰：「知者過之，愚者不及也。」明釋中為無過不及，今云未發謂中，既未發有何過不及，斯豈中之義乎？不應用在中庸一書，而詮解「中」字異同，至于如此也。故有人解中字之義曰：中非無過不及，中庸已自釋之矣，乃是喜怒哀

樂之未發也。以譌傳譌如此，則堯舜以來中字之真面目
不可復識矣。且孔子言「中庸」，而書名亦曰中庸，乃
其首章則曰「中和」，直是方圓柄鑿。謂非後人攙入，
爲中庸本書，雖置喙奚辭焉。

「中」「和」二字作對偶，他經無之，唯樂記有此
字，然彼言樂則可，此言性命之理則未妥。抑撮取子路
問「強」意，「和而不流，中立而不倚」爲言耶？然彼
自兩義？不可合倂也。

明僧蓮池竹窻二筆曰：「予初入道，憶子思以喜怒
哀樂未發謂中，意此中即開刱以前自己也。既而參諸楞
嚴，則云『縱滅一切見聞覺知，內守幽閒，猶爲法塵，
分別影事。夫見聞泯，知覺絕，似喜怒哀樂未發。』而
云法塵分別者何也？意，根也；法，塵也。根與塵對。
未發則塵未交于外，根未起于內，寂然峭然，應是本體，
不知向緣動境，今緣靜境。向，法塵之粗分別也；今，
亦法塵之細分別也，皆影事也，非真實也。謂之幽閒，
特幽勝顯，閒勝鬧耳。空刱以前自己，尙隔遠在。」按：
蓮池此論，予于大學云「學庸僅得禪之粗迹」，正指此
耳。喜怒哀樂未發，禪之下乘也，北宗近之，龐居士所
呵爲峭然机是也。要悟空刱以前自己，禪之上乘，南宗
也。吾嘆宋儒終日觀未發氣象，祗得禪之乘耳。（卷八
六，頁一九至二〇）

致中和，天地位焉，萬物育焉。

致中和，天地位，萬物育，此所謂說大話，裝大冒頭者也，其實皆禪也，何則？禪則其理虛無，故可以任意極言而無礙，若吾儒則事事切實，豈可言此。言之，則中和未致，天地萬物將不位不育耶？中和既致，天地萬物如何位、如何育耶？此非虛無而何？今歷取諸佛語證之：華嚴經云：「法性徧在一切處。」楞嚴經云：「色文外泊，山河虛空，大地咸是妙明真心中物。」又云：「心徧十方，見十方空，如觀手中所持葉物。」此天地位注腳也。又云：「一切世間諸所有物，皆即菩提妙明元心，心精徧圓，含裹十方。」此萬物育註腳也。肇論云：「天地與我同根，萬物與我同體。」又云：「懷六合于胸中，而靈鑑有餘，鏡萬有于方寸，而其神常虛。」又云：「至人空洞無象，而萬物無非我造。」此皆「天地位」、「萬物育」注腳也。（卷八六，頁二一至二二）

故君子語大，天下莫能載焉。語小，天下莫能破焉。

按：隱字，乃異端之尤。上章孔子曰「素隱行怪」，「隱」與「怪」並言，可見矣。上章方述孔子之語，闢隱怪，而下章即曰「君子之道費而隱」，謂之子思之言，得乎？不必他辨矣。聖人以理為道，由吾心之仁義而施之于事物是也，故孟子曰：「萬物皆備于我矣。」今以所知能、所不知能為道，則是凡見天地間之物無非是道，

此認外物爲道，物自物，我自我，而離其根矣。夫聖人雖有所不知、不能，亦只是造化氣機，于道絕無干。若謂不知、不能便不能盡道，則重外輕內，既認外物爲道，勢必求道于杳冥寂寞之中。老子之見道曰「唯恍唯惚」，曰「夷希微」，曰「深不可測」；釋氏之見道曰「七聖皆述，不可思議」，皆是此也。天地之大，人猶有所憾，又以並聖人之不知不能而言，正是一例語義。如天地之道，雲行雨施，而耕者以爲樂，桑者以爲憂，此自在物，于天地何與？若然，必將天地恂物以求道，而後可爲天地與？夫天地自有道，不必恂物以求道而後可爲天地，則聖人亦自有道，不必恂物而後可爲聖人明矣。則何必爲聖人之不知、不能惜、爲天地之大猶有憾慮哉？語大莫載，語小莫破，即莊子秋毫泰山，蟭螟鷦鵬，釋氏微塵由旬，芥子須彌之說。而總以氣化爲道，于道家尤近也。（卷八七，頁五至六）

　詩云：「鳶飛戾天，魚躍于淵。」言其上下察也。

　　引魚鳶之詩，亦一例語義。鳶、魚，物也。以其飛躍之上下察而言道，非是見凡天地間之物無非道乎？非是認外物爲道而離其根乎？此老莊之以氣化爲道也。告子「生之謂性」，其于犬牛無別，鳶魚即犬牛類也，飛躍即生之謂也。然以佛法言，老子告子皆得其初耳，惟夫宗門之說引此獨多，皆在非有非無之間，致爲微妙。

故僞中庸中惟此與宗門之旨最契，非若前之不睹不聞，與未發之爲下乘禪也。略記數端：唐時僧問法真禪師曰：「學人向恁處駐足？」師曰：「海闊從魚躍，天空任鳥飛。」朱仲晦跋其後曰：「大丈夫不可無此氣象。」德章禪師對宋仁宗曰：「空中求鳥跡，水內覓魚蹤。」覺通禪師曰：「破一微塵出大經，鳶飛魯躍更分明。」雪峰問克勤禪師：「前三三，後三三，意旨何如？」師曰：「水中魚，天上鳥，」淨慈寺門聯云「魚躍鳶飛皆妙道」，殷邁侍郎作佛偈曰「窗外鳶魚活潑」，陳白沙、王陽明，禪學也。陳詩曰：「君若問鳶魚，鳶魚體本虛，我拈言外意，六籍也無書。」王書曰：「悟到鳶飛魚躍處，工夫原不在陳編。」凡此之類，可爲明證，此皆釋氏之學，假喻爲道處，今引此詩以喻君子之道，不與其旨符同乎？朱仲晦曰：此即禪家云「青青緣竹，莫匪眞如，粲粲黃花，無非般若」之語，又壽昌問：鳶飛魚躍，何故仁便在其中？先生良久微笑曰：公好說禪，這箇亦略似禪，試將禪來說看。壽昌對：不敢。曰：莫是雲在青天水在瓶麼？壽昌又不敢對。曰：不妨說試看。曰：渠今正是我，我且不似渠。曰：何不道我今生是渠。既而又曰：須將中庸其餘處，一一理會，今教子細到這箇田地時，恁他輕輕拈掇過，便是自然會得，更無所疑，亦不著問人。（卷八七，頁七至八）

　　君子之道，造端乎夫婦，及其至也，察乎天地。

　　或解此章謂言男女交媾之事，故曰：費而隱。曰：
夫婦之愚不肖，與知與能，極其至，聖人有所不知不能。
曰：大莫載，小莫破。凡鳶交，必飛旋乎高；魚交，必
游躍乎卑，故取以言上下察，而以造端夫婦、察乎天地
終焉。此解頗確。易繫曰「一陰一陽之謂道」，又曰「男
女搆精，萬物化生」，與此旨亦同。道家以氣爲道，絕
不言理，故專取造化孳生處贊其道妙。在此舉凡聖賢仁
義之心，<u>中庸</u>之理，直皆擯棄無用，故其先卑德、棄仁
義、毀禮，由是流而爲楊氏之爲我，又流而爲商君之任
法，以毒害天下，又流而爲長生久視、練形按氣之術。
種種異端，不可致詰矣，此皆以氣化爲道，致使然也。
故予謂佛與老，形跡似同，而指歸各別，而僞<u>中庸</u>之言，
則以爲佛可，以爲老亦可者，以其形跡同，故也。

　　或謂：言其下上察，其字指「君子」察字即下「察
乎天地」察字，其謂察字即下「察」字，是也。謂其字
指君子，據文義，非也。且擬人必于其倫，以鳶魚比君
子可乎？然即以鳶魚比君子，與以鳶魚言君子，又何殊
焉？

　　吾謂欲闢世所共尊信之者，最喜其人爲尊信之尤
者，而時亦有其言疑之，則不必待吾之闢之，而世之共
尊信者，亦可以已矣。如中庸一書，自宋以來，爲尊信
之尤者，非朱仲晦乎？而世所共尊信者，非因朱仲晦之

尊信而尊信之乎？乃閱其文集，與蔡季通曰：「費隱之說，今日終日安排，終不能定。蓋察乎天地，終是說做隱字不得，百種計校，再說不來。且是所說不知、不能、有憾等句，虛無恍惚，如捕風係影，聖人平日之言恐無是也。」與未之或知、不可能也不同。嗟乎！予閱此書，因嘆人有是心，無不皆同。第一手惑溺于師承，瞀說先入其中，又無明識以照之，遂至牢不可破，乃忽于昏沉睡夢之中，微覺醒悟，時露一星兩星，如石火電光，旋復滅息，可畏哉？渠蓋不知偽中庸之文直是亂道，依費隱字解末節，造端夫婦是「隱」，察天地是「費」，如此卻是「隱而費」了。即或謂造端夫婦是「費」，然察天地仍是「費」，如此又是「費而費」了，前後文理乖違不通如此。渠欲順文理解書，則思以造端夫婦屬費，察天地屬隱，所以云百種計校，再說不來。于是不得已模糊了事，以三字注之曰「結上文」。吁！其平居所私疑如此，乃作為章句之書，不露所疑之意，陽為尊信，以示天下。豈非所謂失其本心哉？此書供狀最明，在己既不復毀棄，而門人訂集，亦不辨別而誤存之，可笑如此。（卷八七，頁九至一○）

　　誠者，天之道也。誠之者，人之道也。誠者不勉而中，不思而得，從容中道，聖人也。誠之者，擇善而固執之者也。

　　「在下位」至「人之道也」，與孟子文同，惟易數字。按：此若爲孔子及子思之言，孟子必不抹去「孔子」、「子思」，而以爲己文。記孟子者，亦豈不見而以爲孟子之文乎？孟子中從無與他經文同者，而此處獨同中庸，是必作僞中庸者，取孟子之文而增加己說也。故「誠者不勉」以下，皆從上文推演出之，然而與孟子之旨大相反矣。孟子「誠者天之道」，屬天而言，「思誠者人之道」，屬人而言，義理分明。今如「不勉」數句，以爲聖人，則誠者亦屬人言矣。以人而爲天之道，義理乖舛，此作僞中庸語義，孟子從無此等語義。故曰：與孟子旨大相反也。易「思誠」爲「誠之」，加一之字以與誠者別，究未穩妥。「不思」字亦從「思誠」思字來，此等處，世人日讀中庸、孟子之書而漫不經意者，悠悠千古，豈不可歎（卷八八，頁三三至三四）

　　自誠明，謂之性。自明誠，謂之教。誠則明矣。明則誠矣。

　　宋明教禪師曰：「中庸『自誠明』至『之教』，豈不與經所謂『實性一相』者似乎？」明沈士榮續原教論曰：「自誠明者，誠者，寂也；明者，覺也。寂而覺，曰：天之道。覺而寂，曰。人之道。」焦弱侯筆乘曰：「楞嚴經『性覺妙明，本覺明妙』，孤山注曰：『即寂而照曰妙明。』即照而寂曰明，與『自誠明』一節合。」

　　司馬子微曰：「莊子曰：『古之治道者，以恬養智。』佛氏曰『定慧』，大學曰『安而后能慮』，中庸曰『誠則明矣，明則誠矣』。安，慮也；誠，明也；恬，智也；定，慧也，一也。」（卷八九，頁二至三）

　　「能盡人之性」，此句先未允。夫堯舜之世而有四凶，堯舜之家而子皆不肖，豈能盡人之性耶？孔子於博施濟眾，於修己以安百姓，皆曰「堯舜猶病」，此足證矣。「能盡物之性」，此句尤舛。千[1]古大聖爲治，莫堯舜若矣，史臣言其「平章百姓，黎民於變時雍，海隅蒼生萬邦黎獻」，未嘗一及物也。夫於民且猶病，況物耶？堯舜之下，唯孔子，使孔子而治天下，亦堯舜是若而已矣。又檢論語無一物字，記者但曰釣、曰弋；於廄焚，曰「不問馬」，則其於物，固已不惜戕殺之而膜外視之矣。孟子書始有物字，其曰「君子之於物也，愛之而弗仁」，於物曰愛，乃爲仁民、親親陪說，非重物也，且曰弗仁，則固同孔子之釣、戈與不問馬矣。帝王之治天下也，唯以人爲本，勢不能兼全乎物，故舜使益掌火，益烈山澤而焚之，驅蛇龍鳥獸之害，然後民可以居，可以食，而其物之不爲民害者，則又任人制射獵網罟之屬以取資焉。於是取禽獸以爲飲食，取蠶絲以爲衣服，取

---

1 「千」字，原作「于」，今逕改。

材木以爲宮室，人之不能無飲食衣服宮室也，則自不能
全物之命也。夫物之命且不能全，而況曰物之性乎？禽
獸以飛走爲性者也，草木以發生爲性者也，既殺戮之，
戕賊之，而性於何有？夫物之生且不有，而況曰盡之乎？
今且無論不能無飲食衣服宮室也，即曰：吾欲盡物之性，
而斷飲食，去衣服，無宮室焉，然則禽獸以飛走爲性者
固自若也，草木以發生爲性者固自若也，天與之也。天
與之而乃貪天功以爲己力，曰吾有以盡之，豈不荒唐謬
悠之甚者哉？告子以生之謂性，而孟子詰以犬牛人性之
同，告子且無辭以答，今此義正是犬牛人性同之說，則
是甚於告子矣。且以爲盡其性，則於孟子之所詰者，而
殆有加焉矣。說者謂孟子爲子思之徒，豈有其師言人物
之性同，而孟子言人物之性異乎？又不待辦矣，故此義
唯同佛氏之說。涅槃經曰「一切眾生皆有佛性」，金剛
經曰「我應滅度一切眾生」，又曰：「所有一切眾生之
類，若卵生、若胎生、若濕生、若化生、若無有、若有
想、若無想、若非有想、非無想，我皆令入無餘涅槃而
滅度之。」大阿彌陀經曰：「諸天帝王人民，以至蜎飛
蠕動之類，皆因女所問得度脫。阿彌陀佛初度願曰：我
至成佛時，名聲超十方人，天同得聞俱來生我刹，地獄
鬼眾生亦生我刹中。」歸元直指曰「書云唯天下至誠至。
能盡物之性」，金剛經云：「是法平等，無有高下。是

法者，指其本性也。無有高下者，上至諸物菩薩，下至蠢動含靈，謂其皆有佛性故，故曰平等也。」明教禪師曰：「惟天下至誠至。天地參矣。」豈不與佛教所謂萬物同一真性者似乎？凡此皆足以證。雖然，佛氏之說猶未嘗言盡物性也，「盡物性」一語，不獨其義乖舛，且實有不通處。吾儒二氏皆不可用，何也？據盡物性者，使之順適其性，同歸於道之謂也。然則豺狼虎豹之屬，其性噬人，人亦將順適之以同歸於道乎？言至此，不直一胡盧矣。

　　或曲解盡物性爲「處之各得其當」，如仲冬斬陽木，仲夏斬陰木；獺祭魚，然後漁；人入澤梁，豺祭獸然後田獵。夫既已斬之，入而取以烹之，獵而取以戮之，胡云盡其性乎？且如期斬木，取禽獸，是順天明以裁物，非盡物性之謂也，是王者食時用禮之政，非至誠學問心性之功也。義隔天淵，且盡物性與盡人性、盡其性同辭無異，豈有盡己性、盡物性爲一義，盡物性又爲一義乎？此本不足辨，恐人猶惑其說，故及之。

　　贊化育，參天地，同爲一種大話，聖賢從無此語。孔子謂「唯堯則天、則法也」，孟子「上下與天地同流」猶則天之義，與參贊義迥別。

　　明徐昌穀好玄，修學沖舉之術，見王陽明，問曰：「沖舉有諸？」陽明曰：「盡鳶之性者，可以沖於天矣；

盡魚之性者，可以泳於川矣；盡人之性者，可以知化育矣。」直以中庸此節爲沖舉法門，又一奇也。（卷八九，頁五至八）

至誠之道，可以前知。國家將興，必有禎祥；國家將亡，必有妖孽。見乎蓍龜，動乎四體，禍福將至，善，必先知之；不善，必先知之，故至誠如神。

「前知」二字，聖人之所不道。觀子張問十世，而夫子答以「因禮之損益可知」可見矣。自此云前知，開後世無數術數之邪學，抑且啓後世人主好尙符瑞之心，必不可訓也，況其所謂前知者，不過見乎蓍龜之事。注云：禎祥妖孽，蓍龜之占。四體謂蓍龜四體。夫既卜筮而見乎蓍龜矣，雖愚百姓亦可憑之，以知休咎，乃以之詫至誠之如神，豈不陋而可笑乎？（卷八九，頁一二）

誠者，物之終始；不誠，無物。

以誠爲物之終始，純乎以氣化爲道，見識與易繫原始反終，故知死生之說同。（卷八九，頁一三）

詩云「維天之命，於穆不已」，蓋曰天之所以爲天也。「於乎不顯，文王之德之純」，蓋曰文王之所以爲文也，純亦不已。

載物、覆物、成物，配天、配地、無疆，皆大話。不見、不動、無爲，悉老氏家法。菽林伐山云：「莊子曰『尸居而龍見』，不見而章也；『淵默而雷聲』，不

動而變也；『神動而天隨』、無爲而成也。」可互證其義。天地之道可一言而盡，其「爲物不貳」，與老子「天得一以清，地得一以寧」之說同。毗耶首立不二法門以興禪教，此云不貳，亦異地而同符也。明教禪師曰：「『至誠無意，至。可一言而盡也』，豈不與佛教所謂『法界常住，不增不減』者似乎？其『爲物不貳至。今夫天斯昭昭』之多云云，豈不與佛教所謂『世界之始，乃有光明風輪，先色界天，其後有安住風輪乎天地者』似乎？」二氏形迹似同，故中庸各有與合。（卷八九，頁二二至二三）

大哉！聖人之道，洋洋乎，發育萬物，峻極於天。

聖人之道，發育萬物，峻極於天，皆大話。禮與儀有分，見左傳子太叔語。此云禮儀，而又云威儀，混襍難解。且儀上加一威字，他經傳無之，惟見於佛經。釋藏有「大比岳三千威儀」、「五戒威儀」、「沙彌十戒威儀」等語，六祖壇經云「夫沙門者，俱三千威儀，八百細行」，種種皆與此同。「尊德性而道問學」，按：孔子言「下學而上達」，上達即在下學之中，今云道問學，是孔子之學下也。又云尊德性，則是另有上達功夫矣。且以「尊德性」居「道問學」之前，則是上達而下學矣，並謬。聖功一以貫之，初無兩橛，既曰「尊德性」，又曰「道問學」，非釋教之性教相二宗乎？以「高明」對「中庸」，尤未允。若是「中庸」之外，別有一「高

明」與之對峙，則「中庸」何足爲貴？而孔子嘆「其至矣」，子思以之名篇乎？（卷八九，頁二三至二四）

子曰：「愚而好自用，賤而好自專。生乎今之世，反古之道。如此者，栽及其身者也。」

「愚而好自用」至「栽及其身者也」，乃孔子之言，而作 者引之。（卷八九，頁二七）

非天子不議禮，不制度，不考文。

非天子不可制禮，議禮則可也，夫子答問爲邦，非議禮乎？（卷八九，頁二七）

今天下車同軌，書同文，行同倫。

春秋之世，嘗車書一統，毋乃近於誇而誕乎？（卷八九，頁二八）

子曰：「吾說夏禮，杞不足徵也；吾學殷禮，有宋存焉；吾學周禮，今用之，吾從周。」

此從論語「夏禮，吾能言之」及「周監於二代」兩章推演爲說。然孔子從周者，以其監二代，而有郁郁之文也，非特尊本朝之制而已。說夫子從周，只爲尊本朝之制，與「周監於二代」之「吾從周」旨別，其改論語「宋不足徵」爲「有宋存焉」，亦以爲吾尊本朝，宋雖存而不從也，然顯與論語異矣。（卷八九，頁三〇）

王天下有三重焉，其寡過矣乎！

據文義似上章承「爲下不倍」，此章承「居上不驕」

而言。然過尊王天下者，於尊仲尼又不涉，其意難曉。
（卷八九，頁三〇）

辟如天地之無不持載，無不覆幬，辟如四時之錯行，
如日月之代明，萬物並育而不相害，道並行而不相悖，
小德川流，大德敦化，此天地之所以爲大也。

以天地比孔子，恐孔子在天之靈終有未安，而人之
學聖人者，益無有矣，且上章言「無位者不尊、不信，
民弗從」，安有天地、四時、日月，而民不尊信以從者
乎？其論駁襍矛盾可知。

大小強弱，豈能不害？四時日月，豈能不悖？皆夸
大無實之言。（卷八九，頁三八至三九）

溥博如天，淵泉如淵。見而民莫不敬，言而民莫不
信，行而民莫不稅。是以聲名洋溢乎中國，施及蠻貊，
舟車所至，人力所通，天之所覆，地之所載，日月所照，
霜露所隊。凡有血氣者莫不尊親，故曰配天。

僞中庸之病，只是言效驗，說大話，於中庸之理去
而千里矣。（卷八九，頁四一）

苟不固聰明聖知達天德者，其孰能知之？

天地之化育，聖人亦無容知之，此皆以氣化爲道之
見。（卷八九，頁四二）

毛猶有倫，「上天之載，無聲無臭」，至矣！

引「衣錦尚絅」之詩，即老子「被褐懷玉」及「爲

腹不為目」之旨。「惡其文之著」，即老子「三者以為文不足，故令有所屬，見素抱樸」之旨。「闇然而日章」，即老子「塞兌閉門，不自見故明，不自是故彰」之旨。「人之所不見」，即老子「視之不見名曰夷，聽之不聞名曰希」之旨。「不動而敬，不言而信」，即老子「處無為之事，行不信之教」之旨。「不賞而民勸，不怒而民威於鈇鉞」，此出莊子「不賞而民勸，不罰而民畏」，即老子「我無為而民自化，我好靜而民自正」及「不欲以靜，天下將自定」之旨。

　　衛硬人詩「衣錦褧衣」，士昏禮「姆加景，景裘顯絅」皆通，本言新嫁婦在途，加上御塵也，今引之以為惡文之著，君子之道闇然而日章焉。小雅正月詩「潛雖伏矣，亦孔之昭」，本言禍亂之萌也，今引之以言君子內省不疚焉。大雅抑詩「相在爾室，尚不愧于屋漏」，本言仰而不愧之事也，今引之以為君子不動而敬，不言而信焉。商頌烈祖詩「奏假無言，時靡有爭」，本言祭祀時無言無爭也，今引之以為君子不賞民勸，不怒民威於鈇鉞焉。周頌烈文詩「不顯惟德，百辟其刑之」，本言莫顯乎德也，今誤解實為不顯，引之以為君子篤恭而天下平焉。大雅皇矣詩「予懷明德，不大聲以色」，鄭氏曰：「言我歸有明德者，以其不大聲為嚴厲之色以威我也。」今引之以為君子之德，不大聲色，而尚有聲色

者存焉。烝民之詩「德輶如毛」，下文云「民鮮克舉之，我儀圖之，惟仲山甫舉之」，本言德至輕，而民尚不克舉，惟仲山甫能舉也，今引之以為德之輶如毛，而毛尚有倫焉。文王詩「上天之載，無聲無臭」，鄭氏曰「言天之道難知也」，今引之以為人德至矣焉。如此引詩，是何異於誦北山之詩，而謂「周無遺民」，讀保赤之書，而謂愛無差等哉？

金剛經曰：「以色見我，以聲音求我，是人行邪道，不能見如來。」即此義。空谷禪師曰：「子思曰上天之載，無聲無臭，三教聖賢之旨，皆是真常寂滅，真空不空，無少異。」

程正叔曰：「釋氏之說纔見得些，便驚天動地。只為乍見不似聖人，見慣如中庸言道，只消道『無聲無臭』四字，總括了多少釋氏言。非黃非白，非鹽非苦，費多少言語。」按：程乃首尊中庸之人，今將來與釋氏並說為一理，豈非真實供狀乎？（卷八九，頁四九至五○）